人気のネコたちが大集合！

# にゃんこの
# あみぐるみブローチ

眞道 美恵子

日本文芸社

# CONTENTS

## この本の使い方

- あみぐるみブローチの作り方の手順は、全て同じです→ P.35 〜
- 各あみぐるみブローチの材料やポイントは「How to make」 ページに掲載しています→ P.62 〜
- 各作品の写真、「How to make」内の「組み立て図」は、ほぼ 実物大です。出来上がりサイズ、毛の長さ、顔パーツの位 置などは、写真や図に合わせながら調整することができます。

### [組み立て図の見方]

植毛の出来上がりサイズ。標準の長さなので、場所によっては長さが異なります。

指示の長さプラス 5mm を めやすに植毛し、アウトラインを整えましょう。

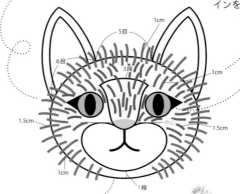

目のバランスなどはイラストの位置を参考してください。

輪郭線が、植毛前の土台のサイズになります。

**01** brown tabby

## キジトラ

キジトラ柄とグリーンの瞳が印象的
なおなじみのにゃんこ。3色の植毛糸
を細かく使い分けて柄を作るのがポ
イントです。

How to make ▶ **P.62**

4

Meow
Meow

02 Orange tabby

## チャトラ

明るい茶色をベースに、少し濃いめの
茶色で縞模様を作ります。表情も含
め、キジトラよりも柔らかい印象に仕
上げています。

How to make ▶ **P.64**

03

04

黒、白、茶系の毛色、丸顔、左右の耳の色を変えるなどして三毛猫の特徴を表現。つぶらな瞳も細目バージョンも、愛嬌抜群です。

How to make ▶ **P.65、66**

**03** *calico*
三毛猫

**04** *calico*
三毛猫（細目）

z z z

z-z-z

**05** tuxedo

**ハチワレ**

その名の通り、八の字のように黒と白の毛
色にわけて植毛。末広がりで縁起がいいと
言われているのでプレゼントにもおすすめ。

How to make ▶ **P.72**

## ノルウェージャン
## フォレスト

豊かな長毛とシャープな顔を
表現。気品溢れるアーモンド
型の瞳は、濃い茶色でしっか
りとアイラインを入れて強
調させましょう。

How to make ▶ **P.68**

**06** norwegian forest cat

メインクーン

ノルウェージャンよりも輪郭を丸くし、首回りにたっぷり植毛するのがポイントです。黒と白が混ざった毛色は代表的な種類です。

How to make ▶ **P.70**

**07** maine coon

11

ソマリ

さまざまな毛色を持つソマリの中でも、
茶系と白を使って「ルディ」と呼ばれ
る種類を表現。グリーンとゴールド系の
瞳が神秘的です。

How to make ▶ **P.73**

08 somali

Let's play

together!

09 minuet

## ミヌエット

顔も体型も丸々とした愛嬌たっぷり
のミヌエット。長毛種はボリュームが
あるので、白くてふわふわの毛糸をたっ
ぷり植毛しています。

How to make ▶ **P.75**

# 10 himalayan

## ヒマラヤン

平坦な顔立ちですが、特に鼻をぺちゃんこに仕上げるのがコツ。焦げ茶色のポイントカラーと青い瞳も外せない特徴です。

How to make ▶ **P.76**

11 *american shorthair*

## アメリカンショートヘア

毛色の種類が多いアメショーの中でも、代表といえるのがグレーに黒の縞が入った「シルバータビー」。黒のバランスがポイントです。

How to make ▶ **P.78**

08 _somali_

10 himalayan

16

09 minuet

# 12 scottish fold

## スコティッシュフォールド（立ち耳）

全体的に丸っこく親しみやすいビジュアルに仕上げましょう。立ち耳は「スコティッシュストレート」と呼ばれています。

How to make ▶ **P.81**

# 13 scottish fold

## スコティッシュフォールド
## （折れ耳）

いちばんの特徴といえば、折れ耳。12の
立ち耳と同じ編み図ですが、アレンジを
加えることで折れ耳に見せています。

How to make ▶ **P.83**

14 persian

I am going out. ♡

That's nice!

13 scottish fold

11 american shorthair

12 <u>scottish fold</u>

Let's always be together.

15 <u>ragdoll</u>

# 14 persian

## ペルシャ

猫の王様との異名を持つペルシャ。ペ
チャっとした顔と白いふわふわの糸を
たっぷり植毛して、王様の風格を表現
しています。

How to make ▶ **P.79**

You are fashionable!

# 15 ragdoll

## ラグドール

穏やかな性格の長毛種。永遠のブルー
アイズと言われる瞳も特徴で、しっかり
とアイラインを入れることでエレガント
な雰囲気に仕上げています。

How to make ▶ **P.84**

# 16 exotic longhair

**エキゾチックロングヘア**

ふっくらとしてやや平坦な顔立ちが印象
的な長毛種。耳を小さくして、左右に離
して付けるのがポイントです。

How to make ▶ **P.86**

# 17 exotic shorthair

## エキゾチックショートヘア

ロングヘア同様、鼻がつぶれたペチャッ
とした顔が特徴。ただしこちらは短毛な
ので、一回り小さくトリミングしましょう。

How to make ▶ **P.87**

Keep Smiling!

25

16 exotic longhair

How exciting!

17 exotic shorthair

STEEL CASTINGS HANDBOOK

That feels good!

**19** mandalay

## マンダレイ

光沢のある黒い美しい毛と大きな耳が特徴。短毛種なので植毛はせず、スリッカーブラシでしっかり起毛させましょう。

How to make ▶ **P.90**

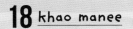

# 18 khao manee

## カオマニー（オッドアイ）

小さめの顔に大きな耳が印象的な短
毛種。大きな瞳の左右の色が異なる
宝石のような「オッドアイ」も、カオマ
ニーならではです。

How to make ▶ **P.89**

29

## 20 russian blue

### ロシアンブルー

美しいブルーグレーの短毛が特徴。エ
メラルドグリーンの大きな瞳にしっか
りとアイラインを入れると、優雅な顔
立ちに仕上がります。

How to make ▶ **P.91**

## 21 siamese

### シャム

小さな顔に大きな耳はシャムならでは
のバランス。顔周りのこげ茶のポイン
トと、鮮やかなブルーの瞳のコントラ
ストが絶妙です。

How to make ▶ **P.92**

## 22 british shorthair

**ブリティッシュショートヘア**

大きな顔と小さな耳、ややつり目気味に
アイラインを入れるのがコツです。短毛
種ですが毛量が多いので、しっかり植毛
しましょう。

How to make ▶ **P.94**

# 必要な用具と材料

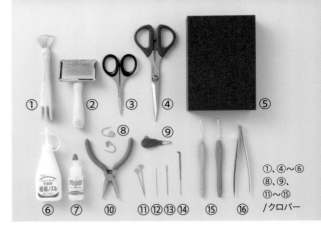

〈主な用具〉

①アップリケパンチャー用 押さえ手/目の周りなど細かい部分の糸を押さえる作業で使用。

②スリッカーブラシ/犬のお手入れ用ブラシ。この本では植毛した糸をほぐしたり、植毛しない作品の土台を起毛させる際に使用。

③糸切りばさみ/糸を切る。

④カットワークはさみ/植毛した糸をカット、トリミングする。

⑤フェルトパンチャー用スポンジマット/フェルトパンチャーを使用する際のマット。

⑥クロバーボンド 手芸用・極細ノズル/鼻ボタンや目ボタンを接着させる。

⑦ほつれ止め液体のり/耳先の毛を固めるのに使用(ノルウェージャン、メインクーンで使用)

⑧段数マーカー/段の立ち上がりの目印として編み目につける。

⑨ニッティングスレダー/毛糸用の糸通し。

⑩丸やっとこ/金具をつけるときのDカンの開閉などに使用。

⑪あみもの用待針/パーツをとじ合わせる際に止める。

⑫縫い針/ブローチピンを土台に縫いつける。

⑬とじ針シャープポイント/パーツのとじ合わせや、植毛・刺しゅうの際に使用。

⑭フェルトパンチャー替針/フェルティング用の替針。この本では針だけを使用。

⑮かぎ針「アミュレ」/あみぐるみの土台を編む。この本では2/0号、4/0号を使用。

⑯ピンセット/植毛した毛を整える際に使用。

※ブラッシングやトリミングの際には細かい毛糸を吸い込まないように、マスクの使用をおすすめします。

〈主な材料〉

①ピッコロ(左)/鼻・目(アイライン)の刺しゅうに使用。
　ハマナカモヘア/土台、パーツを編む際、引きそろえて使用。

②ハマナカネオクリーンわたわた(手芸綿)/土台の中に詰める。

③差し鼻(鼻ボタン)/▼(三角)12mm(黒)(マンダレイの鼻に使用)

④差し目(目ボタン)/キャット・アイ 12mm・15mm(クリア)

⑤差し目(目ボタン)/プラスチックアイ12mm(クリア)

⑥ブローチピン35mm/土台の後ろにつける。

⑦手縫い糸(30番)/ブローチピンを土台に縫いつける。

⑧ハマナカテクノロート(形状保持材)/一部の耳の編み地に編みくるんで使用。

⑨バッグチャーム金具/ブローチをバッグチャームとして仕立てる際に使用(デザインや材質はお好みで)。

⑩ひげ(クリア・黒 各70mm)/ブローチでは根元を15mmカットして55mmで使用。

①、②、⑧/ハマナカ　③〜⑦/クラフトハート トーカイ　⑩/プリモモ

# あみぐるみブローチの作り方

**【 基本のプロセス 】** あみぐるみブローチの共通の作り方です。次ページからさらに詳しい手順を紹介します。

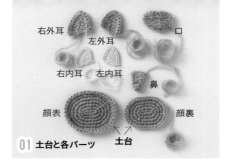

右外耳　左外耳　　　　　　口
右内耳　左内耳　　　鼻
顔表　　　　　　　　　　顔裏

**01** 土台と各パーツ　　　土台

※編み終わりはとじ合わせ用に糸を30cm残す

**01** ブローチの土台(顔表、顔裏P.56〜)と各パーツ(P.59〜)を編み図のとおりに編む。

**02** 土台になる顔表と顔裏のパーツをとじ合わせ、手芸綿を詰める。(編み地の裏面を表側にする場合があるので、とじ合わせに注意)

**03** 口・鼻・耳パーツを土台にとじつける。

**04** 鼻先の刺しゅうをする。

**05** 目ボタン(マンダレイのみ鼻ボタンも使用)を組み立て図のバランスに合わせて差し込む。

**06** 組み立て図の指示の長さプラス5mmを目安に、ベースになる糸から植毛をする。※植毛しない作品はスリッカーブラシをかけて起毛させる。

**07** 植毛した根元をフェルティング用の針で刺して、糸を固定する。

**08** 植毛した糸をスリッカーブラシでほぐしながら、はさみで毛先をトリミングする。(長さは好みでもOK)

**09** スリッカーブラシでのブラッシングと、トリミングを繰り返し、フェルティング用の針で形を整える。

**10** 額の模様や目尻などポイントになる部分やアイラインを刺しゅうする。

**11** 目ボタン、鼻ボタンを手芸用ボンドで固定する。(バランスを確かめて、かわいく見える位置にずらしてもOK)

**12** ひげを手芸用ボンドでつける。

**13** 完成したブローチの裏側にブローチピンを縫いつける。※お好みでバッグチャームに仕立てるのもおすすめ。

**好みの目の色がない場合**

**1** クリアタイプのキャット・アイを裏側から着色する。

**2** マニキュアやアクリル絵の具、車の補修ペンなど耐水性塗料がおすすめ。メタリックカラーは雰囲気良く仕上がる。

**3** メタリックなグリーンで塗ったところ(左側)。

# STEP1 土台を作る 〈くさり編みの作り目〉

**01** 糸先が手前にくるように糸を持つ。針を糸の後ろにあて、反時計回りに針先を手前にまわす。

**02** 針に糸が巻きつき、わができる。

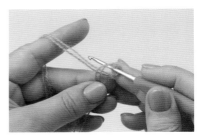

**03** 左手の親指で押さえているところは、糸が交差する。

**04** 針に糸をかけ、わの中に引き抜く。

**05** 引き抜いたところ。

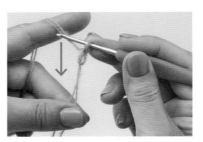

**06** 手前の短い糸を引き、わを引き締める。

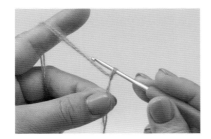

**07** ここから1目めのスタート。

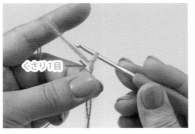

**08** 04と同様に手前から糸をかけ、輪の中に引き抜く。くさり編み1目完成。

**09** 続けてくさり編み3目を編み、くさり4目編みの作り目が完成。

## 〈1段目を編む〉

**10** 立ち上がりのくさり1目を編む。

**11** くさり4目めに針を入れ、**04**と同様に手前から糸をかける。

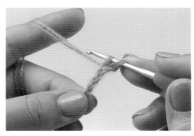

**12** 1ループ引き抜く。

POINT!!

**13** もう一度手前から糸をかけ、2ループ一度に引き抜き、細編み1目を編む。

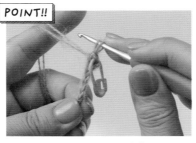

**14** 1目めの細編みの頭に段数マーカーを付ける。2段目に上がるときの目印になる。

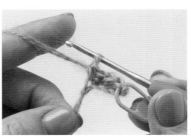

**15** 同様に端まで細編み4目を編む。

**16** 4目めに細編みをもう1目編む。

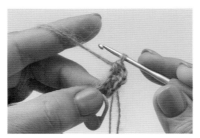

**17** 編み地をまわし、同じところにもう1目細編みを編む(端の目に細編み3目編めたところ)。

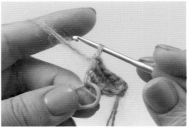

**18** となりの目にも細編みを1目ずつ編む。最後の端の目にはもう1目細編みを編む。

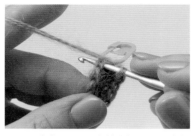

**19** 段数マーカーを付けた、1目めの細編みの頭2本に針を入れ、引き抜き編みをする。

**20** くさりの作り目の1段めが完成。楕円型の編み地になる。

**21** 2段目の立ち上がりのくさりを編み、その根元に細編みを1目編み**14**と同様に段数マーカーを付ける。2段目以降は編み図のとおりに編む。

## 〈編み終わりの糸始末（チェーンつなぎ）〉

**22** 土台の最後の1目まで編んだら、15cmほど糸を残してカットし、引き抜く。
※顔裏はとじ合わせ用に糸を30cmほど残す。

**23** 引き抜いたところ。

**24** とじ針に糸を通し、1目めの細編みの頭に通す。

**25** くさり半目の長さになるように、糸を引く。

**26** 最後の目の細編みの頭（糸が出ているところ）に針を入れる。

**27** くさりの目と同じ目の大きさになるように糸を引き、裏側の糸の根元の近くを1目すくい、糸を留める。

## 〈顔表と顔裏のとじ合わせ～とじ終わりの糸始末〉

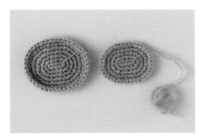

**28** 同様に顔裏も編む。

**29** 顔表と顔裏を重ね、1段目の同じ位置を待ち針でとめる。

**30** 2カ所固定する。

**31** 顔裏のとじ糸を針に通し、重なった顔表の目の外側半目と顔裏の半目を拾いながらとじ合わせる。

**32** 残り3cmまでとじたら顔表が丸く、顔裏が平たくなるように手芸綿を入れる。

**33** とじ終わったところ

**34** とじ終わりから針を入れ、編み地の中を通す。

**35** 針先を編み目の間から出し、糸を引く。

**36** 編み地の上で針に2～3回糸を巻き付け、玉留めをする。

**37** 糸の出ている根元に針を戻し、針先を2～3cm先に出す。

**38** 糸を引き、玉を編み地の中に引き入れて糸を切る。

## 〈耳(右耳)を編む〉

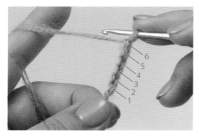

**39** くさり編み6目の作り目を編む。

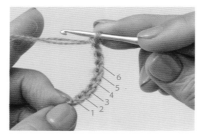

**40** 立ち上がりのくさり3目を編む。

**41** 針に糸をかけ、作り目の5目めに針を入れる。

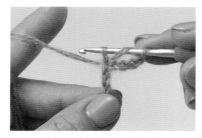

**42** 針に糸をかけ、1目引き抜く。もう一度糸をかけ、2ループ引き抜く。

**43** 引き抜いたところ。

**44** もう一度糸をかけ、残りの2ループを引き抜く。

**45** 長編みが完成。

**46** 次のくさりの作り目にもう2目長編み
を編む。

**47** 針に糸をかけ、次の目に針を入れる。

**48** 糸を引き抜くと3ループできる。

**49** もう一度糸をかけ、3ループ一度に引
き抜く。

**50** 中長編みが完成。

**51** 次の目に細編み1目を編む。

**52** 端の目に細編み3目を編み入れ、編み
地をまわす。

**53** くさりの作り目の反対側も同様に、編
み図のとおりに編む。

**54** 最後の目に長編み2目を編み入れる。

**55** さらに針に糸を2回かけ、くさりの同じ目に針を入れる。

**56** 糸をかけ、引き抜いたところ。

**57** もう一度糸をかけ、2ループ引き抜く。

**58** もう一度糸をかけ

**59** 2ループ引き抜く。

**60** 残りの2ループも糸をかけ、同様に引き抜く。

**61** 長々編みの完成。右耳1段目が編み上がったところ。

**62** 12cmにカットしたテクノロートをくさりと糸の間にあてる。

**63** くさり1目を編んで、編みくるむ。

**64** 編み地を裏返し、2段目の細編みでも編みくるむ。

**65** 編み図のとおりに編む。

POINT!!

**66** 内耳はモヘア1本取り、2/0号針で編む。内耳にはテクノロートは入れない。

**67** 内耳と外耳を重ねて、内耳のくさりの外側を拾いながらとじ合わせる。

**68** 右耳の完成。
※左耳は編み図が異なるため、各作品の編み図を参照

## 〈口を編む〉

**69** くさり9目の作り目で、2段目まで編む。段の編み終わりと立ち上がり方は、**19〜21**参照。

**70** 細編みを2目編み、くさり2目を編む。

**71** 次の目に、未完成の長編みを編む。

43

**72** 同様に未完成の長編みをもう4目編む（合計5目の未完成の長編み）。

**73** 糸をかけ、6ループを一度に引き抜く。

**74** 引き抜いたところ。

**75** くさり1目を編み、引き絞る（引き抜き編み）。

**76** くさり2目を編む。

**77** 残りの目に細編みを編み入れる。

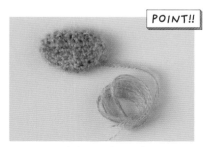

POINT!!

**78** 口の完成。口は裏面を表にして使用する。

## 〈鼻を編む(わの作り目)〉

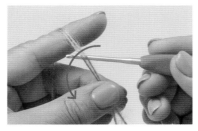

**79** 針を糸の後ろにあて、反時計回りに針先を手前にまわす。

**80** 針に巻きつき、わができる。

**81** 針に糸をかけ、わの中に引き抜く。

**82** そのままくさり1目を編む。

**83** わの中に針を入れ、細編み1目を編む。

**84** 1目めの細編みが完成。

**85** 2段目の編み始めの印に、1段目の細編みの頭に、段数マーカーを付ける。

**86** 細編みをさらに4目編み、細編みを合わせて5目編み入れる。

**87** いったん針をはずし、編んだところを押さえながら糸端を引き絞る。

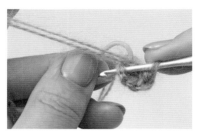

**88** 針を戻し、段数マーカーを付けた1目めの細編みの頭に針を入れ、段数マーカーをはずし、引き抜く。

**89** 1段目の完成。

**90** 2段目も同様に編み始める。

**91** 細編み5目を編み、最後の目にもう1目細編みを編み入れる（2段目は6目の細編み）。

**92** 段数マーカーの目に引き抜いて、2段目の完成。

**93** 3段目は立ち上がりのくさりはなしで、1目めを引き抜き編みする。

**94** 2目めも引き抜く。

**95** 立ち上がりのくさり1目を編む。

**96** 細編みを4目編む（前段の最後の1目は編み残す）。

**97** 編み終わったところ。

**98** 4目めの細編みの糸を引く。

**99** 大きな輪を作る。

**100** 毛糸玉を輪の中に通す。

**101** 糸を引き絞る。編み図では で表示。

**102** 3段目の完成。

**103** 4段目は3段目の1目めに針を入れる。

**104** 糸を後ろに渡し、編みくるみながら4段目を編む。

**105** 段の終わりは98～101を繰り返す。鼻の完成。

**01** 1段目はP.37〜と同様に編み、2段目の1目めの細編みを未完成にしておく。

**02** 糸を持ち替える。

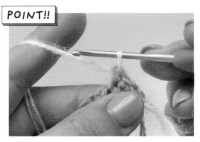

**03** 変える糸で引き抜き、細編みを完成させる。

**04** 次の目の未完成の細編みを編む。

**05** 糸端は編んでいる糸の手前にのせる。

**06** 矢印のように2ループ引き抜き、細編みの完成。

**07** 以降編み図のとおりに編む。

**08** 糸の色をまた変えたいときは、まず未完成の細編みの状態にする。

**09** 糸を持ち替えて02〜06と繰り返し、細編みを編む。

**01** 口の中は共毛糸を手芸綿の代わりに入れる。指定の位置に、待ち針でとめる。

**02** 土台と口の細編みの足をコの字を書くように拾いながらとじ針で縫い付ける。

**03** 一周縫い合わせたら、糸は切らずに残しておく。

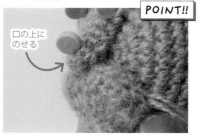

口の上にのせる

**POINT!!**

**04** 鼻先2段が、口の上に乗るように待ち針でとめる。

**05** 鼻のとじ糸で鼻の細編みの足と、額を縫い付ける。

**06** 鼻の脇は縫い糸が目立たないように目を拾いながら1周縫い合わせる。鼻先が浮かないように、口に縫い合わせ糸始末する。

**07** 口のとじ糸に針を通す。

**08** 口の中心下3分の2くらいの位置に糸を出し、鼻の1段目の中心に針を入れる。

**09** 針先を顔裏の編み目の間に出す。

**10** 顔表を見ながら、糸を引いて口の膨らみを出す。

**11** 顔裏の同じ目に針を戻し、もう一回08～10を繰り返す。

**12** 糸始末をして、顔のベースの完成。

## 〈耳を付ける〉

**13** テクノロートを土台の耳付け位置に差し込む(テクノロートが長い場合は、1.5cmにカット)。

**14** 耳の外側からとじ糸でぐるりと1周とじ合わせる。

**15** 内耳のとじ糸で、顔表ととじ合わせる。

**16** 耳を付けたところ。

**STEP3 刺しゅうをする**

## 〈鼻の刺しゅう〉

※糸の間を割って刺しゅうするため、先がとがったとじ針や、刺しゅう針を使用。

**01** 顔裏から鼻の刺しゅう用の糸を鼻の中心に出す。

02 鼻の脇に針を入れ、鼻中心に針を出し、扇状に刺しゅうする。

POINT!!

03 このとき先がとがった針を使うと、すきまができずきれいに刺しゅうが仕上がる。

04 鼻の刺しゅうが完成。

## 〈口の刺しゅう〉

05 鼻の下中心に口の刺しゅう用の糸を出す。

06 下縫いした口の位置に針を入れ、口の端位置に糸を出す。

07 口の下中心に戻り、反対側の口端に針を出す。

POINT!!

08 口の下中心に戻り、糸を顔裏に出し、糸を強く引いてぷっくり感を出す。

09 キジトラなど種類によって、鼻の脇も刺しゅうする。

10 糸を始末し、目ボタンを入れて顔が整ったところ。目ボタンは植毛した後、最後にボンドで固定する。

## STEP4 植毛とカット

**01** 植毛糸をとじ針に通すときは、スレダーを使うと便利。

**02** 植毛用の毛糸は、指定の糸を4本引きそろえて、一重で使用。

→ または2本の植毛糸を二重にして使用。

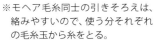

※モヘア毛糸同士の引きそろえは、絡みやすいので、使う分それぞれの毛糸玉から糸をとる。
※鼻筋は2本取りを一重にして使用。

**03** 植毛の指示図に合わせて、顔のまわりから植毛する。糸の長さは仕上げの長さの5mmくらい長く植える。

**04** 植毛した根元をフェルティングニードルでつついて、糸が抜けないようにする。

**05** 顔の周りに植毛したところ。

**06** さらに内側に植毛する。鼻筋は残しておく。

**07** スリッカーブラシをかけて、顔全体を起毛する。

**08** 輪郭に合わせてカットする。

**09** 大まかなアウトラインを決める。

**10** 鼻筋を植毛する。糸は2本取りを一重に、2〜3mm間隔で細かく。

**11** 鼻筋に植毛したところ。

POINT!!

**12** 鼻筋の毛は、形に添ってフェルティングニードルで押さえて、土台に付ける。余分な長さはカットする。

**13** 毛足がぴったりとつくと、猫らしい表情になる。

**14** 顔の模様を植毛する。

**15** 細かい部分がほぐせるブラシで毛並みを整える。

**16** 目（アイライン）を刺しゅうする。目頭から目尻にかけて目ボタンに沿わせるように刺しゅうする。

**17** アイラインの形に沿って、フェルティングニードルで押さえる。毛流れを作りながらフェルティングするときは、押さえ手を使うと便利。

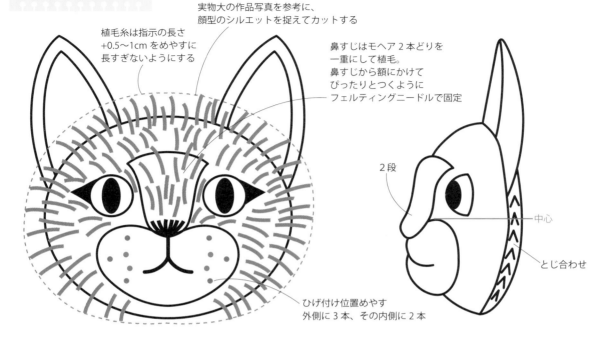

植毛糸は指示の長さ
+0.5〜1cm をめやすに
長すぎないようにする

実物大の作品写真を参考に、
顔型のシルエットを捉えてカットする

鼻すじはモヘア2本どりを
一重にして植毛。
鼻すじから額にかけて
ぴったりとつくように
フェルティングニードルで固定

2段

中心

とじ合わせ

ひげ付け位置めやす
外側に3本、その内側に2本

## 〈ひげを付ける〜ブローチピンをつける〉

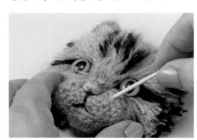

**01** 付け位置にひげが差し込めるように、
爪楊枝などで刺して穴を作る。

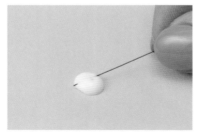

**02** ひげの付け根側を1.5cmカットし、
55mmで使用。付け根側にボンドを
付ける。※写真はヒゲが見えやすい
ように黒を使用しています

**03** 01で通した穴の中にひげを植える。
少し上から押さえて固定する。

**04** 模様の線が太すぎたり、位置を整えたいときは、ピンセットで糸をほぐしたり抜いたりする。

**05** 目ボタンをボンドで固定し、キジトラの顔が完成。

**06** ブローチ裏の上の方に、縫い針と手縫い糸でブローチピンを縫い付ける。

**耳先の飾り毛のつけ方**

**01** 植毛糸2本取りで、2回1.5cmを目安に植毛する。

**02** 根元をフェルティングニードルで刺して固定する。

**03** 液体のり（乾くと透明になるタイプ）を付けて毛を固める。

**04** 乾いたら先がとがるようにカットする。

**05** メインクーンの飾り毛が完成。
※ P.10ノルウェージャンフォレストも同様

好みの金具でバッグチャームに仕立ててもOK。

# 土台の編み図

各ブローチの土台となる編み図です。P62 ～の作り方の「編み図」表にも
それぞれに必要な編み図番号を明記しています。

## [顔表]

### 顔表 A1

01 キジトラ
02 チャトラ
03 三毛猫
04 三毛猫
（細目）

上

編み終わり
（チェーンつなぎ）

### 顔表 A2

05 ハチワレ

上

編み終わり
（チェーンつなぎ）

### 顔表 C

★★

21 シャム

上

編み終わり（チェーンつなぎ）

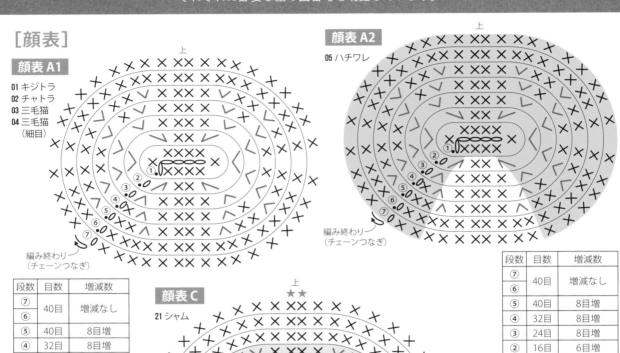

| 段数 | 目数 | 増減数 |
|---|---|---|
| ⑦ | 40目 | 増減なし |
| ⑥ | | |
| ⑤ | 40目 | 8目増 |
| ④ | 32目 | 8目増 |
| ③ | 24目 | 8目増 |
| ② | 16目 | 6目増 |
| ① | くさり4目の作り目に<br>細編み10目編み入れる | |

| 段数 | 目数 | 増減数 |
|---|---|---|
| ⑦ | 40目 | 増減なし |
| ⑥ | | |
| ⑤ | 40目 | 8目増 |
| ④ | 32目 | 8目増 |
| ③ | 24目 | 8目増 |
| ② | 16目 | 6目増 |
| ① | くさり4目の作り目に<br>細編み10目編み入れる | |

| 段数 | 目数 | 増減数 | 配色 |
|---|---|---|---|
| ⑧ | | | サンド |
| ⑦ | 40目 | 増減なし | ベージュ |
| ⑥ | | | |
| ⑤ | 40目 | 8目増 | こげ茶/ |
| ④ | 32目 | 8目増 | サンドベージュ |
| ③ | 24目 | 8目増 | |
| ② | 16目 | 6目増 | こげ茶 |
| ① | くさり4目の作り目に<br>細編み10目編み入れる | | |

## 顔表 B1

08 ソマリ
09 ミヌエット
10 ヒマラヤン
11 アメリカンショートヘアー
12 スコティッシュフォールド
　（立ち耳）
13 スコティッシュフォールド
　（折れ耳）
14 ペルシャ
17 エキゾチックショートヘアー
18 カオマニー（オッドアイ）

19 マンダレイ
20 ロシアンブルー
22 ブリティッシュショートヘアー

## 顔表 B2

06 ノルウェージャンフォレスト
07 メインクーン

15 ラグドール
16 エキゾチックロングヘアー

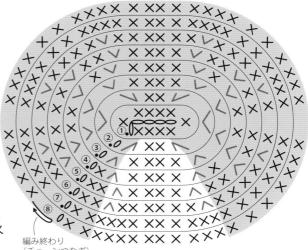

編み終わり
（チェーンつなぎ）

| 段数 | 目数 | 増減数 |
|---|---|---|
| ⑧ | 48目 | 増減なし |
| ⑦ |  |  |
| ⑥ | 48目 | 8目増 |
| ⑤ | 40目 | 8目増 |
| ④ | 32目 | 8目増 |
| ③ | 24目 | 8目増 |
| ② | 16目 | 6目増 |
| ① | くさり4目の作り目に細編み10目編み入れる | |

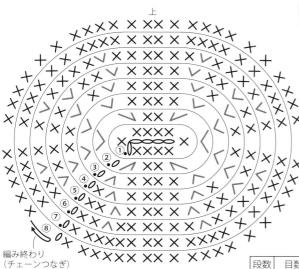

編み終わり
（チェーンつなぎ）

**18.19.20**は裏面を表面にして使用

| 段数 | 目数 | 増減数 |
|---|---|---|
| ⑧ | 48目 | 増減なし |
| ⑦ |  |  |
| ⑥ | 48目 | 8目増 |
| ⑤ | 40目 | 8目増 |
| ④ | 32目 | 8目増 |
| ③ | 24目 | 8目増 |
| ② | 16目 | 6目増 |
| ① | くさり4目の作り目に細編み10目編み入れる | |

# ［顔裏］

## 顔裏 E

縦6cm×横7cm
06 ノルウェージャンフォレスト
07 メインクーン
08 ソマリ
09 ミヌエット
10 ヒマラヤン
11 アメリカンショートヘア
12 スコティッシュフォールド（立ち耳）
13 スコティッシュフォールド（折れ耳）
14 ペルシャ
15 ラグドール
16 エキゾチックロングヘア
17 エキゾチックショートヘア
18 カオマニー（オッドアイ）
19 マンダレイ
20 ロシアンブルー
22 ブリティッシュショートヘア

## 顔裏 D

縦5cm×横6cm
01 キジトラ
02 チャトラ
03 三毛猫
04 三毛猫（細目）
05 ハチワレ

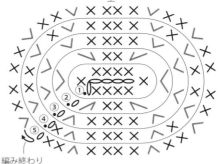

編み終わり
（チェーンつなぎ）

| 段数 | 目数 | 増減数 |
|---|---|---|
| ⑤ | 40目 | 8目増 |
| ④ | 32目 | 8目増 |
| ③ | 24目 | 8目増 |
| ② | 16目 | 6目増 |
| ① | くさり4目の作り目に<br>細編み10目編み入れる | |

編み終わり
（チェーンつなぎ）

| 段数 | 目数 | 増減数 |
|---|---|---|
| ⑥ | 48目 | 8目増 |
| ⑤ | 40目 | 8目増 |
| ④ | 32目 | 8目増 |
| ③ | 24目 | 8目増 |
| ② | 16目 | 6目増 |
| ① | くさり4目の作り目に<br>細編み10目編み入れる | |

## 顔裏 F

21 シャム

編み終わり
（チェーンつなぎ）

| 段数 | 目数 | 増減数 |
|---|---|---|
| ⑥ | 40目 | 4目増 |
| ⑤ | 36目 | 8目増 |
| ④ | 28目 | 8目増 |
| ③ | 20目 | 8目増 |
| ② | 12目 | 6目増 |
| ① | わの作り目に<br>細編み6目編み入れる | |

# [耳]

## 耳 G （外耳2枚、内耳2枚）

01 キジトラ
02 チャトラ
03 三毛猫
04 三毛猫(細目)
05 ハチワレ
08 ソマリ
09 ミヌエット
10 ヒマラヤン
11 アメリカンショートヘア
15 ラグドール
22 ブリティッシュショートヘア

外耳も内耳も編み図は同じで
2/0 号針、モヘア 1 本どりで編む

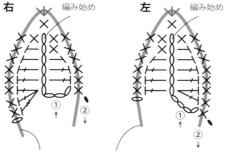

テクロートを 12cm にカットし
二つ折りにし耳の角に折山を合わせて編みくるむ

## 耳 H （外耳2枚、内耳2枚）

06 ノルウェージャンフォレスト
07 メインクーン
21 シャム

外耳も内耳も編み図は同じで
2/0 号針、モヘア 1 本どりで編む

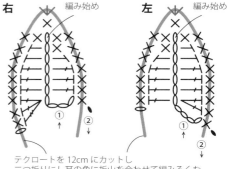

テクロートを 12cm にカットし
二つ折りにし耳の角に折山を合わせて編みくるむ

## 耳 I （外耳2枚、内耳2枚）

12 スコティッシュフォールド(立ち耳)
13 スコティッシュフォールド(折れ耳)
14 ペルシャ
16 エキゾチックロングヘア
17 エキゾチックショートヘア

※同じ編み図でも細い違いがあるため
　それぞれの作り方ページを参照

外耳も内耳も編み図は同じで
2/0 号針、モヘア 1 本取りで編む。
テクノロートは入れない

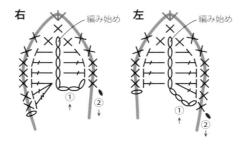

## 耳 J （2枚）

18 カオマニー（オッドアイ）
19 マンダレイ
20 ロシアンブルー

頭中心側

※裏側を表にする

| 段数 | 目数 | 増減数 |
|---|---|---|
| ⑪ | 26目 | 2目増 |
| ⑩ | 24目 | 2目増 |
| ⑨ | 22目 | 2目増 |
| ⑧ | 20目 | 2目増 |
| ⑦ | 18目 | 2目増 |
| ⑥ | 16目 | 2目増 |
| ⑤ | 14目 | 2目増 |
| ④ | 12目 | 2目増 |
| ③ | 10目 | 2目増 |
| ② | 8目 | 2目増 |
| ① | わの作り目に細編み6目編み入れる | |

⑨⑩⑪段の中長編みのくさり2目の
立ち上がりの目は目数に入れない。
段を上がる時は、1目めの中長編みの
頭に針を入れて引き抜く

2/0号針、モヘア1本どりで編む

## ［口］

### 口 K

01 キジトラ
02 チャトラ
03 三毛猫
04 三毛猫（細目）
05 ハチワレ
06 ノルウェージャン
　　フォレスト
07 メインクーン
08 ソマリ

09 ミヌエット
11 アメリカンショートヘア
12 スコティッシュフォールド（立ち耳）
13 スコティッシュフォールド（折れ耳）
15 ラグドール
22 ブリティッシュショートヘア

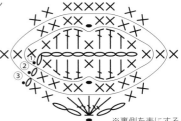

※裏側を表にする

| 段数 | 目数 | 増減数 |
|---|---|---|
| ③ | 21目 | 図参照 |
| ② | 20目 | 増減なし |
| ① | くさり9目の作り目に20目編み入れる | |

### 口 L

18 カオマニー
　　（オッドアイ）
19 マンダレイ
20 ロシアンブルー
21 シャム

※裏側を表にする

| 段数 | 目数 | 増減数 |
|---|---|---|
| ③ | 18目 | 図参照 |
| ② | 16目 | 増減なし |
| ① | くさり7目の作り目に16目編み入れる | |

11 ヒマラヤン
14 ペルシャ

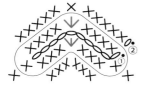

※裏側を表にする

| 段数 | 目数 | 増減数 |
|---|---|---|
| ② | 19目 | 1目減 |
| ① | くさり9目の作り目に 20目編み入れる | |

16 エキゾチックロングヘア
17 エキゾチックショートヘア

※裏側を表にする

| 段数 | 目数 | 増減数 |
|---|---|---|
| ② | 18目 | 2目減 |
| ① | くさり9目の作り目に 20目編み入れる | |

鼻 O

18 カオマニー(オッドアイ)
19 マンダレイ
20 ロシアンブルー

| 段数 | 目数 | 増減数 |
|---|---|---|
| ⑨ | 22目 | 4目増 |
| ⑧ | 18目 | 4目増 |
| ⑦ | 14目 | 4目増 |
| ⑥ | 10目 | 4目増 |
| ⑤ | 6目 | 2目増 |
| ④ | 4目 | 増減なし |
| ③ | 4目 | 2目減 |
| ② | 6目 | 1増 |
| ① | わの作り目に細編み 5目編み入れる | |

鼻 P

01 キジトラ
02 チャトラ
03 三毛猫
04 三毛猫(細目)
05 ハチワレ
06 ノルウェージャンフォレスト
07 メインクーン
08 ソマリ
09 ミヌエット
11 アメリカンショートヘア
12 スコティッシュフォールド(立ち耳)
13 スコティッシュフォールド(折れ耳)
15 ラグドール
21 シャム
22 ブリティッシュショートヘア

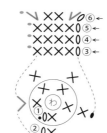

| 段数 | 目数 | 増減数 |
|---|---|---|
| ⑥ | 6目 | 2目増 |
| ⑤ | 4目 | 増減なし |
| ④ | | |
| ③ | 4目 | 図参照 |
| ② | 6目 | 1目増 |
| ① | わの作り目に細編み 5目編み入れる | |

# 01 キジトラ P.4

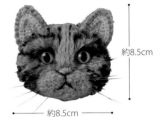

約8.5cm
約8.5cm

## 土台の編み図（P.56〜）

| 顔表 | 顔裏 | 外耳 | 内耳 | 口 | 鼻 |
|------|------|------|------|-----|-----|
| A1 | D | G | G | K | P |

## 使用糸と針

| 使用法 | 部位 | 使用糸 | 糸色 | 色番号 | 引きそろえ | 本数 | 針 |
|--------|------|--------|------|--------|------------|------|-----|
| 土台 | 顔表・顔裏・口・鼻・外耳 | モヘア | 茶 | 92 | 1本 | 2本 | 4/0号 |
| | | モヘア | サンドベージュ | 90 | 1本 | | |
| | 内耳 | モヘア | クリーム | 15 | 1本 | 2本 | 2/0号 |

## 植毛糸・刺しゅう糸

| 部位 | | 使用糸 | 糸色 | 色番号 | 引きそろえ | 本数 |
|------|---|--------|------|--------|------------|------|
| 土台（顔） | A ▬▬ | モヘア | 茶 | 92 | 1本 | 2本 |
| | | モヘア | サンドベージュ | 90 | 1本 | |
| | B ▬▬ | モヘア | 茶 | 92 | 1本 | 2本 |
| | | モヘア | 黒 | 25 | 1本 | |
| | C ▬▬ | モヘア | 黒 | 25 | 2本 | 2本 |
| 鼻刺しゅう | | ピッコロ | サーモンピンク | 39 | 1本 | 1本 |
| 目・口刺しゅう | | モヘア | 黒 | 25 | 1本 | 1本 |

## その他の材料

| 種類 | 色・形 | 着色 | サイズ | 量 |
|------|--------|------|--------|-----|
| 目ボタン | クリア | グリーン | 12mm | 1組 |
| ひげ | クリア | | 55mm | 10本 |
| テクノロート | | | 12cm | 2本 |
| ブローチピン | | | 35mm | 1個 |
| 綿 | | | | 2g |

## 糸の使用量

| 使用糸 | 色番号 | 量 |
|--------|--------|-----|
| モヘア | 92 | 10g |
| モヘア | 90 | 10g |
| モヘア | 25 | 2g |
| モヘア | 15 | 2g |
| ピッコロ | 39 | 30cm |

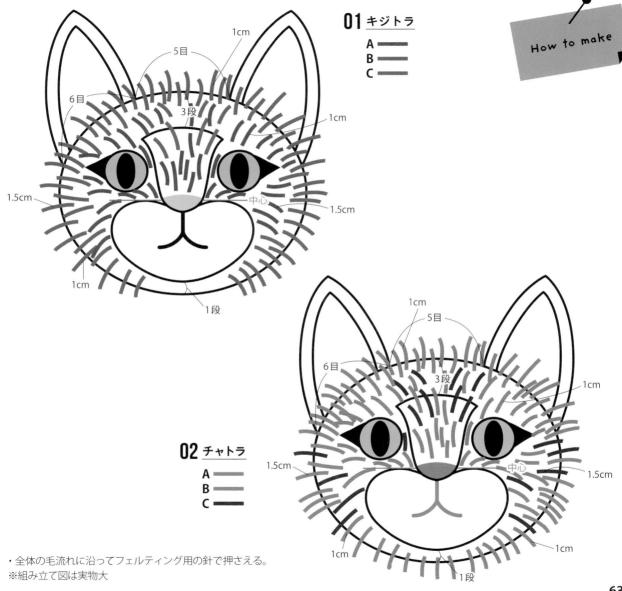

01 キジトラ

A
B
C

How to make

1cm
5目
6目
3段
1cm
1.5cm
中心
1.5cm
1cm
1段

02 チャトラ

A
B
C

1cm
5目
6目
3段
1cm
1cm
1.5cm
中心
1.5cm
1cm
1段

・全体の毛流れに沿ってフェルティング用の針で押さえる。
※組み立て図は実物大

63

# 02 チャトラ P.5

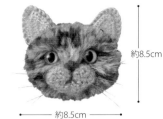

約8.5cm
約8.5cm

## 土台の編み図（P.56〜）

| 顔表 | 顔裏 | 外耳 | 内耳 | 口 | 鼻 |
|---|---|---|---|---|---|
| A1 | D | G | G | K | P |

## 使用糸と針

| 使用法 | 部位 | 使用糸 | 糸色 | 色番号 | 引きそろえ | 本数 | 針 |
|---|---|---|---|---|---|---|---|
| 土台 | 顔表・顔裏・口・鼻・外耳 | モヘア | 茶 | 92 | 1本 | 2本 | 4/0号 |
| | | モヘア | 金茶 | 104 | 1本 | | |
| | 内耳 | モヘア | 茶 | 92 | 1本 | 1本 | 2/0号 |

## 植毛糸・刺しゅう糸

| 部位 | | 使用糸 | 糸色 | 色番号 | 引きそろえ | 本数 |
|---|---|---|---|---|---|---|
| 土台（顔） | A ▬▬ | モヘア | 茶 | 92 | | 2本 |
| | B ▬▬ | モヘア | 茶 | 92 | 1本 | 2本 |
| | | モヘア | 金茶 | 104 | 1本 | |
| | C ▬▬ | モヘア | 濃茶 | 105 | 1本 | 2本 |
| | | モヘア | こげ茶 | 52 | 1本 | |
| 鼻・口刺しゅう | | モヘア | 濃茶 | 105 | 1本 | 1本 |
| 目刺しゅう | | モヘア | こげ茶 | 52 | 1本 | 1本 |

## その他の材料

| 種類 | 色・形 | 着色 | サイズ | 量 |
|---|---|---|---|---|
| 目ボタン | クリア | ゴールド | 12mm | 1組 |
| ひげ | クリア | | 55mm | 10本 |
| テクノロート | | | 12cm | 2本 |
| ブローチピン | | | 35mm | 1個 |
| 綿 | | | | 2g |

## 糸の使用量

| 使用糸 | 色番号 | 量 |
|---|---|---|
| モヘア | 92 | 12g |
| モヘア | 104 | 10g |
| モヘア | 105 | 2g |
| モヘア | 52 | 2g |

# 03 三毛猫 P.6

約8.5cm

約8.5cm

## 土台の編み図（P.56〜）

| 顔表 | 顔裏 | 外耳 | 内耳 | 口 | 鼻 |
|---|---|---|---|---|---|
| A1 | D | G | G | K | P |

## 使用糸と針

| 使用法 | 部位 | 使用糸 | 糸色 | 色番号 | 引きそろえ | 本数 | 針 |
|---|---|---|---|---|---|---|---|
| 土台 | 顔表・顔裏・口・鼻 | モヘア | 白 | 1 | | 2本 | 4/0号 |
| | 右外耳 | モヘア | 茶 | 92 | 1本 | 2本 | |
| | | モヘア | 金茶 | 104 | 1本 | | |
| | 左外耳 | モヘア | 黒 | 25 | | 2本 | |
| | 内耳 | モヘア | 茶 | 92 | 1本 | 1本 | 2/0号 |

## 植毛糸・刺しゅう糸

| 部位 | | 使用糸 | 糸色 | 色番号 | 引きそろえ | 本数 |
|---|---|---|---|---|---|---|
| 土台（顔） | A | モヘア | 白 | 1 | | 2本 |
| | B | モヘア | 茶 | 92 | 1本 | 2本 |
| | | モヘア | 金茶 | 104 | 1本 | |
| | C | モヘア | 茶 | 92 | 1本 | 2本 |
| | | モヘア | 黒 | 25 | 1本 | |
| 鼻・口刺しゅう | | ピッコロ | 薄ピンク | 46 | 1本 | 1本 |
| 目刺しゅう | | モヘア | 黒 | 25 | 1本 | 1本 |

## その他の材料

| 種類 | 色・形 | 着色 | サイズ | 量 |
|---|---|---|---|---|
| 目ボタン | プラスチックアイ | 淡ブルー | 12mm | 1組 |
| ひげ | クリア | | 55mm | 10本 |
| テクノロート | | | 12cm | 2本 |
| ブローチピン | | | 35mm | 1個 |
| 綿 | | | | 2g |

## 糸の使用量

| 使用糸 | 色番号 | 量 |
|---|---|---|
| モヘア | 1 | 15g |
| モヘア | 92 | 8g |
| モヘア | 104 | 3g |
| モヘア | 25 | 3g |
| ピッコロ | 46 | 50cm |

## 04 三毛猫（細目） P.6

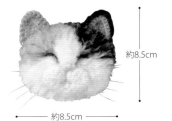

約8.5cm
約8.5cm

### 土台の編み図（P.56〜）

| 顔表 | 顔裏 | 外耳 | 内耳 | 口 | 鼻 |
|------|------|------|------|-----|-----|
| A1 | D | G | G | K | P |

### 使用糸と針

| 使用法 | 部位 | 使用糸 | 糸色 | 色番号 | 引きそろえ | 本数 | 針 |
|--------|------|--------|------|--------|------------|------|-----|
| 土台 | 顔表・顔裏・口・鼻 | モヘア | 白 | 1 | | 2本 | 4/0号 |
| | 右外耳 | モヘア | 茶 | 92 | 1本 | 2本 | |
| | | モヘア | 金茶 | 104 | 1本 | | |
| | 左外耳 | モヘア | 黒 | 25 | | 2本 | |
| | 内耳 | モヘア | 茶 | 92 | 1本 | 1本 | 2/0号 |

### 植毛糸・刺しゅう糸

| 部位 | | 使用糸 | 糸色 | 色番号 | 引きそろえ | 本数 |
|------|--|--------|------|--------|------------|------|
| 土台（顔） | A ▬▬▬ | モヘア | 白 | 1 | | 2本 |
| | B ▬▬▬ | モヘア | 茶 | 92 | 1本 | 2本 |
| | | モヘア | 金茶 | 104 | 1本 | |
| | C ▬▬▬ | モヘア | 茶 | 92 | 1本 | 2本 |
| | | モヘア | 黒 | 25 | 1本 | |
| 鼻・口刺しゅう | | ピッコロ | 薄ピンク | 46 | 1本 | 1本 |
| 目刺しゅう | | モヘア | 黒 | 25 | 1本 | 1本 |

### その他の材料

| 種類 | 色・形 | 着色 | サイズ | 量 |
|------|--------|------|--------|-----|
| ひげ | クリア | | 55mm | 10本 |
| テクノロート | | | 12cm | 2本 |
| ブローチピン | | | 35mm | 1個 |
| 綿 | | | | 2g |

### 糸の使用量

| 使用糸 | 色番号 | 量 |
|--------|--------|-----|
| モヘア | 1 | 15g |
| モヘア | 92 | 8g |
| モヘア | 104 | 3g |
| モヘア | 25 | 3g |
| ピッコロ | 46 | 50cm |

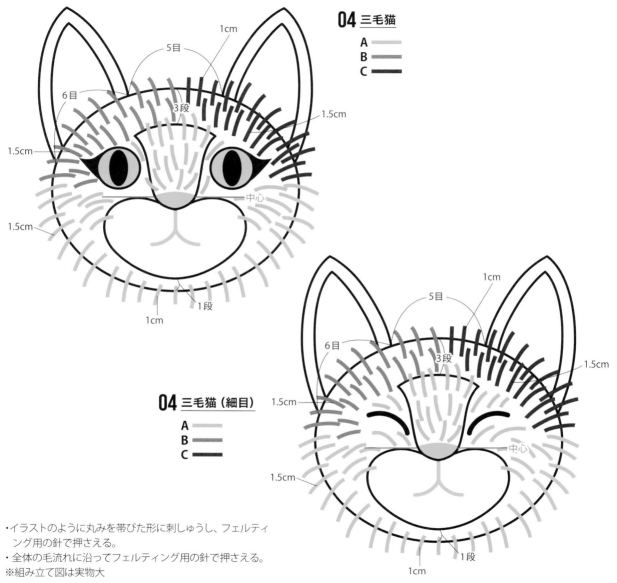

**04 三毛猫**

A ━━
B ━━
C ━━

1cm
5目
6目
3段
1.5cm
1.5cm
1.5cm
中心
1段
1cm

**04 三毛猫（細目）**

A ━━
B ━━
C ━━

1cm
5目
6目
3段
1.5cm
1.5cm
1.5cm
中心
1段
1cm

・イラストのように丸みを帯びた形に刺しゅうし、フェルティ
　ング用の針で押さえる。
・全体の毛流れに沿ってフェルティング用の針で押さえる。
※組み立て図は実物大

# 06 ノルウェージャンフォレスト P.10

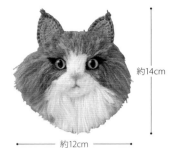

約14cm
約12cm

## 土台の編み図 (P.56〜)

| 顔表 | 顔裏 | 外耳 | 内耳 | 口 | 鼻 |
|------|------|------|------|-----|-----|
| B2 | E | H | H | K | P |

## 使用糸と針

| 使用法 | 部位 | 使用糸 | 糸色 | 色番号 | 引きそろえ | 本数 | 針 |
|--------|------|--------|------|--------|-----------|------|-----|
| 土台 | 顔表・顔裏・外耳 | モヘア | 茶 | 92 | 1本 | 2本 | 4/0号 |
| | | モヘア | 濃茶 | 105 | 1本 | | |
| | 顔表・鼻・口 | モヘア | 白 | 1 | | 2本 | |
| | 内耳 | モヘア | 茶 | 92 | | 1本 | 2/0号 |

## 植毛糸・刺しゅう糸

| 部位 | | 使用糸 | 糸色 | 色番号 | 引きそろえ | 本数 |
|------|---|--------|------|--------|-----------|------|
| 土台(顔) | A ▬▬ | モヘア | 茶 | 92 | 1本 | 2本 |
| | | モヘア | 濃茶 | 105 | 1本 | |
| | B ▬▬ | モヘア | 白 | 1 | | 2本 |
| 目刺しゅう | | モヘア | こげ茶 | 52 | | 2本 |
| 鼻刺しゅう | | ピッコロ | サーモンピンク | 39 | 1本 | 1本 |
| 口刺しゅう | | モヘア | 濃茶 | 105 | | 1本 |

## その他の材料

| 種類 | 色・形 | 着色 | サイズ | 量 |
|------|--------|------|--------|-----|
| 目ボタン | クリア | ゴールド | 12mm | 1組 |
| ひげ | クリア | | 55mm | 10本 |
| テクノロート | | | 12cm | 2本 |
| ブローチピン | | | 35mm | 1個 |
| 綿 | | | | 3g |

## 糸の使用量

| 使用糸 | 色番号 | 量 |
|--------|--------|-----|
| モヘア | 92 | 14g |
| モヘア | 105 | 12g |
| モヘア | 1 | 8g |
| モヘア | 52 | 50cm |
| ピッコロ | 39 | 30cm |

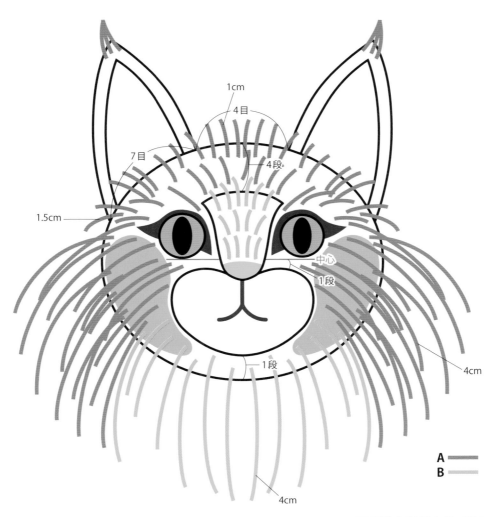

1cm

4目

7目

4段

1.5cm

中心

1段

1段

A
B

4cm

4cm

・ ◯◯◯部分を毛流れに沿ってフェルティング用の
針で押さえる。
※組み立て図は実物大

# 07 メインクーン P.11

## 土台の編み図 (P.56〜)

| 顔表 | 顔裏 | 外耳 | 内耳 | 口 | 鼻 |
|------|------|------|------|-----|-----|
| B2 | E | H | H | K | P |

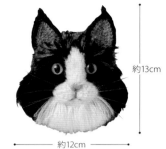

約13cm

約12cm

## 使用糸と針

| 使用法 | 部位 | 使用糸 | 糸色 | 色番号 | 本数 | 針 |
|--------|------|--------|------|--------|------|-----|
| 土台 | 顔表・顔裏・外耳 | モヘア | 黒 | 25 | 2本 | 4/0号 |
| | 顔表・鼻・口 | モヘア | 白 | 1 | 2本 | |
| | 内耳 | モヘア | 濃グレー | 74 | 1本 | 2/0号 |

## 植毛糸・刺しゅう糸

| 部位 | | 使用糸 | 糸色 | 色番号 | 引きそろえ | 本数 |
|------|---|--------|------|--------|-----------|------|
| 土台(顔) | A ▬▬▬ | モヘア | 黒 | 25 | | 2本 |
| | B ▬▬▬ | モヘア | 白 | 1 | | 2本 |
| | C ▬▬▬ | モヘア | 黒 | 25 | 1本 | 2本 |
| | | モヘア | 濃グレー | 74 | 1本 | |
| 鼻刺しゅう | | ピッコロ | サーモンピンク | 39 | 1本 | 1本 |
| 口刺しゅう | | モヘア | 濃グレー | 74 | 1本 | 1本 |

## その他の材料

| 種類 | 色・形 | 着色 | サイズ | 量 |
|------|--------|------|--------|-----|
| 目ボタン | クリア | グリーン | 12mm | 1組 |
| ひげ | クリア | | 55mm | 10本 |
| テクノロート | | | 12cm | 2本 |
| ブローチピン | | | 35mm | 1個 |
| 綿 | | | | 3g |

## 糸の使用量

| 使用糸 | 色番号 | 量 |
|--------|--------|-----|
| モヘア | 25 | 18g |
| モヘア | 1 | 8g |
| モヘア | 74 | 6g |
| ピッコロ | 39 | 30cm |

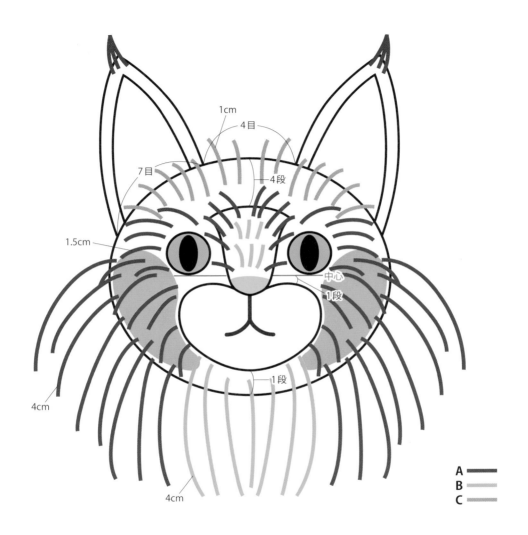

1cm

4目

7目

4段

1.5cm

中心

1段

4cm

1段

4cm

A
B
C

・ ◯ 部分を毛流れに沿ってフェルティング用の
　針で押さえる。
※組み立て図は実物大

# 05 ハチワレ P.9

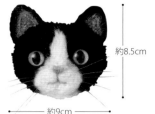

約8.5cm
約9cm

## 土台の編み図（P.56〜）

| 顔表 | 顔裏 | 外耳 | 内耳 | 口 | 鼻 |
|---|---|---|---|---|---|
| A2 | D | G | G | K | P |

## 使用糸と針

| 使用法 | 部位 | 使用糸 | 糸色 | 色番号 | 本数 | 針 |
|---|---|---|---|---|---|---|
| 土台 | 顔表・顔裏・外耳 | モヘア | 黒 | 25 | 2本 | 4/0号 |
| | 顔表・口・鼻 | モヘア | 白 | 1 | 2本 | |
| | 内耳 | モヘア | 濃グレー | 74 | 1本 | 2/0号 |

## 植毛糸・刺しゅう糸

| 部位 | | 使用糸 | 糸色 | 色番号 | 本数 |
|---|---|---|---|---|---|
| 土台（顔） | A ▬▬ | モヘア | 黒 | 25 | 2本 |
| | B ▬▬ | モヘア | 白 | 1 | 2本 |
| 鼻・口刺しゅう | | ピッコロ | サーモンピンク | 39 | 1本 |

## その他の材料

| 種類 | 色・形 | 着色 | サイズ | 量 |
|---|---|---|---|---|
| 目ボタン | クリア | グリーン | 15mm | 1組 |
| ひげ | クリア | | 55mm | 10本 |
| テクノロート | | | 12cm | 2本 |
| ブローチピン | | | 35mm | 1個 |
| 綿 | | | | 2g |

## 糸の使用量

| 使用糸 | 色番号 | 量 |
|---|---|---|
| モヘア | 25 | 16g |
| モヘア | 1 | 6g |
| モヘア | 74 | 2g |
| ピッコロ | 39 | 50cm |

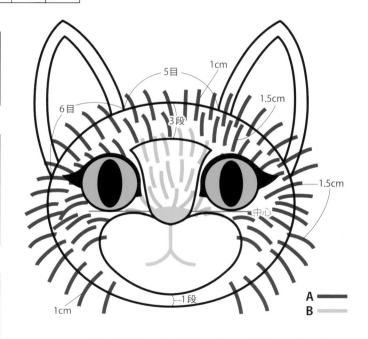

5目　1cm
6目
3段
1.5cm
1.5cm
中心
1段
1cm

A ▬▬
B ▬▬

・全体の毛流れに沿ってフェルティング用の針で押さえる。
※組み立て図は実物大

# 08 ソマリ P.12

約10cm
約9cm

## 土台の編み図（P.56〜）

| 顔表 | 顔裏 | 外耳 | 内耳 | 口 | 鼻 |
|---|---|---|---|---|---|
| B1 | E | G | G | K | P |

## 使用糸と針

| 使用法 | 部位 | 使用糸 | 糸色 | 色番号 | 引きそろえ | 本数 | 針 |
|---|---|---|---|---|---|---|---|
| 土台 | 顔表・顔裏・鼻・外耳 | モヘア | 茶 | 92 | 1本 | 2本 | 4/0号 |
| | | モヘア | 金茶 | 104 | 1本 | | |
| | 口 | モヘア | 白 | 1 | | 2本 | |
| | 内耳 | モヘア | 茶 | 92 | 1本 | 1本 | 2/0号 |

## 植毛糸・刺しゅう糸

| 部位 | | 使用糸 | 糸色 | 色番号 | 引きそろえ | 本数 |
|---|---|---|---|---|---|---|
| 土台（顔） | A | モヘア | 茶 | 92 | 1本 | 2本 |
| | | モヘア | 金茶 | 104 | 1本 | |
| | B | モヘア | 白 | 1 | | 2本 |
| | C | モヘア | 濃茶 | 105 | | 2本 |
| 鼻・口刺しゅう | | モヘア | 濃茶 | 105 | | 1本 |

## その他の材料

| 種類 | 色・形 | 着色 | サイズ | 量 |
|---|---|---|---|---|
| 目ボタン | クリア | グリーン | 12mm | 1組 |
| ひげ | クリア | | 55mm | 10本 |
| テクノロート | | | 12cm | 2本 |
| ブローチピン | | | 35mm | 1個 |
| 綿 | | | | 3g |

## 糸の使用量

| 使用糸 | 色番号 | 量 |
|---|---|---|
| モヘア | 92 | 11g |
| モヘア | 104 | 10g |
| モヘア | 1 | 6g |
| モヘア | 105 | 2g |

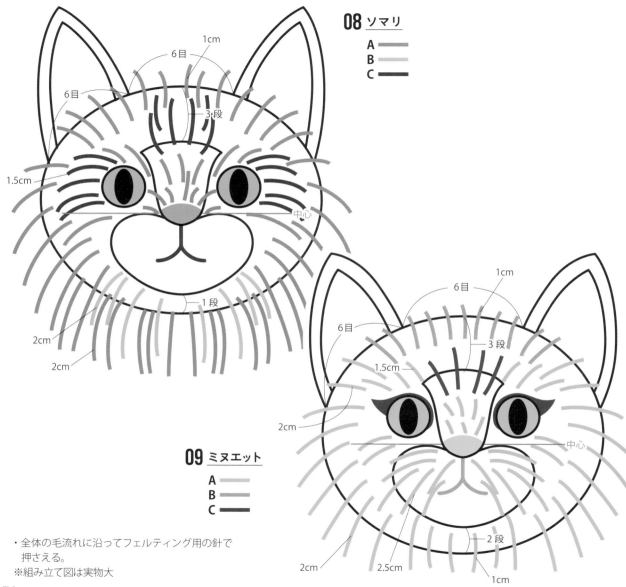

08 ソマリ

A
B
C

6目
1cm
6目
3段
1.5cm
中心
1段
2cm
2cm

1cm
6目
6目
3段
1.5cm
中心
2cm

09 ミヌエット

A
B
C

2段
2cm
2.5cm
1cm

・全体の毛流れに沿ってフェルティング用の針で
　押さえる。
※組み立て図は実物大

# 09 ミヌエット P.13

約8.5cm

約9cm

## 土台の編み図（P.56〜）

| 顔表 | 顔裏 | 外耳 | 内耳 | 口 | 鼻 |
|------|------|------|------|-----|-----|
| B1 | E | G | G | K | P |

## 使用糸と針

| 使用法 | 部位 | 使用糸 | 糸色 | 色番号 | 引きそろえ | 本数 | 針 |
|--------|------|--------|------|--------|------------|------|-----|
| 土台 | 顔表・顔裏・口・鼻 | モヘア | 白 | 1 | | 2本 | 4/0号 |
| | 外耳 | モヘア | 白 | 1 | 1本 | 2本 | |
| | | モヘア | グレー | 63 | 1本 | | |
| | 内耳 | モヘア | 白 | 1 | 1本 | 1本 | 2/0号 |

## 植毛糸・刺しゅう糸

| 部位 | | 使用糸 | 糸色 | 色番号 | 引きそろえ | 本数 |
|------|---|--------|------|--------|------------|------|
| 土台（顔） | A | モヘア | 白 | 1 | | 2本 |
| | B | モヘア | 白 | 1 | 1本 | 2本 |
| | | モヘア | グレー | 63 | 1本 | |
| | C | モヘア | グレー | 63 | | 2本 |
| 鼻刺しゅう | | ピッコロ | サーモンピンク | 39 | 1本 | 1本 |
| 目・口刺しゅう | | モヘア | グレー | 63 | 1本 | 1本 |

## その他の材料

| 種類 | 色・形 | 着色 | サイズ | 量 |
|------|--------|------|--------|-----|
| 目ボタン | クリア | ブルーグレー | 12mm | 1組 |
| テクノロート | | | 12cm | 2本 |
| ブローチピン | | | 35mm | 1個 |
| 綿 | | | | 3g |

## 糸の使用量

| 使用糸 | 色番号 | 量 |
|--------|--------|-----|
| モヘア | 1 | 20g |
| モヘア | 63 | 8g |
| ピッコロ | 39 | 30cm |

# 10 ヒマラヤン P.14

約9cm
約10cm

## 土台の編み図（P.56～）

| 顔表 | 顔裏 | 外耳 | 内耳 | 口 | 鼻 |
|------|------|------|------|-----|-----|
| B1 | E | G | G | M | なし |

## 使用糸と針

| 使用法 | 部位 | 使用糸 | 糸色 | 色番号 | 本数 | 針 |
|--------|------|--------|------|--------|------|-----|
| 土台 | 顔表・顔裏 | モヘア | クリーム | 15 | 2本 | 4/0号 |
| | 外耳・口 | モヘア | こげ茶 | 52 | 2本 | |
| | 内耳 | モヘア | クリーム | 15 | 1本 | 2/0号 |

## 植毛糸・刺しゅう糸

| 部位 | | 使用糸 | 糸色 | 色番号 | 引きそろえ | 本数 |
|------|------|--------|------|--------|------------|------|
| 土台（顔） | A | モヘア | クリーム | 15 | | 2本 |
| | B | モヘア | クリーム | 15 | 1本 | 2本 |
| | | モヘア | こげ茶 | 52 | 1本 | |
| | C | モヘア | こげ茶 | 52 | | 2本 |
| 鼻刺しゅう | | モヘア | 黒 | 25 | | 2本 |

## その他の材料

| 種類 | 色・形 | 着色 | サイズ | 量 |
|------|--------|------|--------|-----|
| 目ボタン | クリア | ブルー | 12mm | 1組 |
| テクノロート | | | 12cm | 2本 |
| ブローチピン | | | 35mm | 1個 |
| 綿 | | | | 3g |

## 糸の使用量

| 使用糸 | 色番号 | 量 |
|--------|--------|-----|
| モヘア | 15 | 15g |
| モヘア | 52 | 10g |
| モヘア | 25 | 30cm |

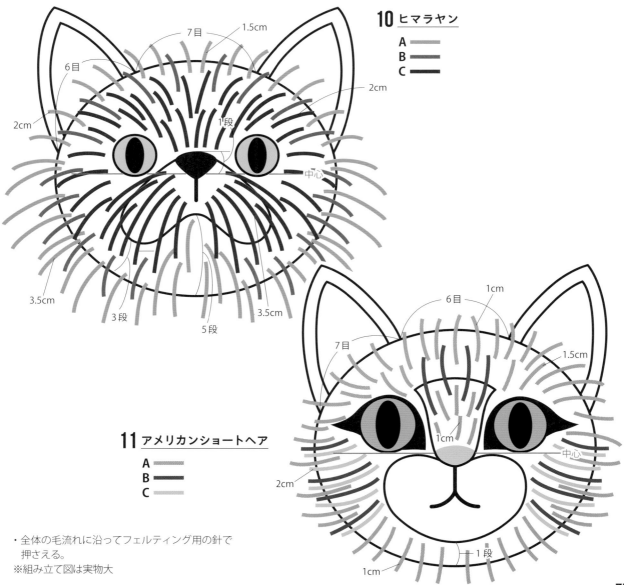

**10 ヒマラヤン**

A
B
C

7目　1.5cm

6目

2cm

2cm

1段

中心

3.5cm

3段

5段

3.5cm

**11 アメリカンショートヘア**

A
B
C

6目　1cm

7目

1.5cm

1cm

1cm

中心

2cm

1段

1cm

・全体の毛流れに沿ってフェルティング用の針で
　押さえる。
※組み立て図は実物大

# 11 アメリカンショートヘア P.15

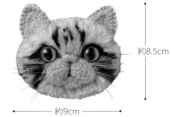

約8.5cm
約9cm

## 土台の編み図（P.56～）

| 顔表 | 顔裏 | 外耳 | 内耳 | 口 | 鼻 |
|---|---|---|---|---|---|
| B1 | E | G | G | K | P |

## 使用糸と針

| 使用法 | 部位 | 使用糸 | 糸色 | 色番号 | 本数 | 針 |
|---|---|---|---|---|---|---|
| 土台 | 顔表・顔裏・口・鼻・外耳 | モヘア | グレー | 63 | 2本 | 4/0号 |
| | 内耳 | モヘア | グレー | 63 | 1本 | 2/0号 |

## 植毛糸・刺しゅう糸

| 部位 | | 使用糸 | 糸色 | 色番号 | 引きそろえ | 本数 |
|---|---|---|---|---|---|---|
| 土台（顔） | A ▬▬ | モヘア | グレー | 63 | | 2本 |
| | B ▬▬ | モヘア | 黒 | 25 | | 2本 |
| | C ▬▬ | モヘア | 濃グレー | 74 | 1本 | 2本 |
| | | モヘア | 黒 | 25 | 1本 | |
| 鼻刺しゅう | | ピッコロ | サーモンピンク | 39 | 1本 | |
| 目・口刺しゅう | | モヘア | 黒 | 25 | 1本 | |

## その他の材料

| 種類 | 色・形 | 着色 | サイズ | 量 |
|---|---|---|---|---|
| 目ボタン | クリア | ゴールド | 15mm | 1組 |
| ひげ | クリア | | 55mm | 10本 |
| テクノロート | | | 12cm | 2本 |
| ブローチピン | | | 35mm | 1個 |
| 綿 | | | | 3g |

## 糸の使用量

| 使用糸 | 色番号 | 量 |
|---|---|---|
| モヘア | 63 | 23g |
| モヘア | 74 | 2g |
| モヘア | 25 | 2g |
| ピッコロ | 39 | 30cm |

# 14 ペルシャ P.22

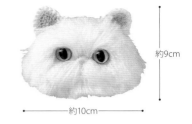

約9cm
約10cm

## 土台の編み図（P.56〜）

| 顔表 | 顔裏 | 外耳 | 内耳 | 口 | 鼻 |
|------|------|------|------|-----|------|
| B1 | E | I | I | M | なし |

## 使用糸と針

| 使用法 | 部位 | 使用糸 | 糸色 | 色番号 | 本数 | 針 |
|--------|------|--------|------|--------|------|-----|
| 土台 | 顔表・顔裏・口・外耳 | モヘア | 白 | 1 | 2本 | 4/0号 |
| | 内耳 | モヘア | グレー | 63 | 1本 | 2/0号 |

## 植毛糸・刺しゅう糸

| 部位 | | 使用糸 | 糸色 | 色番号 | 本数 |
|------|------|--------|------|--------|------|
| 土台（顔） | A | モヘア | 白 | 1 | 2本 |
| 鼻・口刺しゅう | | ピッコロ | 薄ピンク | 46 | 1本 |

## その他の材料

| 種類 | 色・形 | 着色 | サイズ | 量 |
|------|--------|------|--------|-----|
| 目ボタン | クリア | ブルーグレー | 15mm | 1組 |
| テクノロート | | | 12cm | 2本 |
| ブローチピン | | | 35mm | 1個 |
| 綿 | | | | 3g |

## 糸の使用量

| 使用糸 | 色番号 | 量 |
|--------|--------|-----|
| モヘア | 1 | 25g |
| モヘア | 63 | 3g |
| ピッコロ | 46 | 50cm |

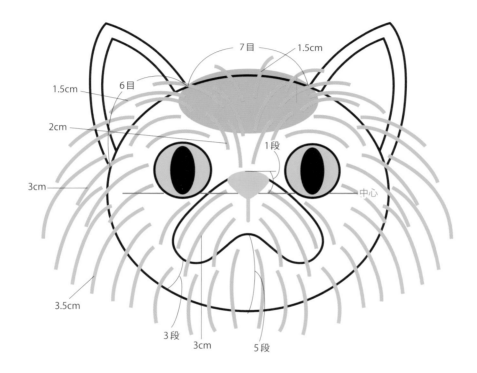

7目　1.5cm

1.5cm　6目

2cm

3cm

3.5cm

1段

中心

3段　3cm　5段

・ ⬭部分を毛流れに沿ってフェルティング用の
　針で押さえる。
※組み立て図は実物大

# 12 スコティッシュフォールド (立ち耳) P.18

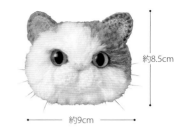

約8.5cm

約9cm

## 土台の編み図 (P.56～)

| 顔表 | 顔裏 | 外耳 | 内耳 | 口 | 鼻 |
|------|------|------|------|-----|-----|
| B1 | E | I | I | K | P |

## 使用糸と針

| 使用法 | 部位 | 使用糸 | 糸色 | 色番号 | 引きそろえ | 本数 | 針 |
|--------|------|--------|------|--------|-----------|------|-----|
| 土台 | 顔表・顔裏・口・鼻 | モヘア | 白 | 1 | | 2本 | 4/0号 |
| | 外耳 | モヘア | 濃グレー | 74 | 1本 | 2本 | |
| | | モヘア | サンドベージュ | 90 | 1本 | | |
| | 内耳 | モヘア | クリーム | 15 | 1本 | 1本 | 2/0号 |

## 植毛糸・刺しゅう糸

| 部位 | | 使用糸 | 糸色 | 色番号 | 引きそろえ | 本数 |
|------|------|--------|------|--------|-----------|------|
| 土台(顔) | A ▬▬ | モヘア | 白 | 1 | | 2本 |
| | B ▬▬ | モヘア | 濃グレー | 74 | 1本 | 2本 |
| | | モヘア | サンドベージュ | 90 | 1本 | |
| 目刺しゅう | | モヘア | 濃グレー | 74 | | 2本 |
| 鼻・口刺しゅう | | ピッコロ | 薄ピンク | 46 | | 1本 |

## その他の材料

| 種類 | 色・形 | 着色 | サイズ | 量 |
|------|--------|------|--------|-----|
| 目ボタン | クリア | ゴールド | 15mm | 1組 |
| ひげ | クリア | | 55mm | 10本 |
| テクノロート | | | 12cm | 2本 |
| ブローチピン | | | 35mm | 1個 |
| 綿 | | | | 3g |

## 糸の使用量

| 使用糸 | 色番号 | 量 |
|--------|--------|-----|
| モヘア | 1 | 20g |
| モヘア | 74 | 4g |
| モヘア | 90 | 4g |
| モヘア | 15 | 3g |
| ピッコロ | 46 | 50cm |

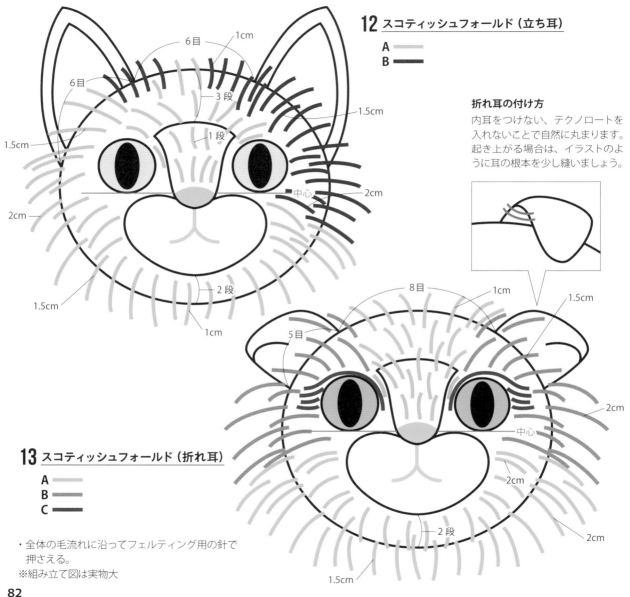

## 12 スコティッシュフォールド（立ち耳）

A ▬
B ▬

6目

1cm

6目

3段

1cm

1.5cm

1.5cm

1段

2cm

中心

2cm

1.5cm

2段

1cm

**折れ耳の付け方**

内耳をつけない、テクノロートを
入れないことで自然に丸まります。
起き上がる場合は、イラストのよ
うに耳の根本を少し縫いましょう。

8目

1cm

1.5cm

5目

2cm

中心

## 13 スコティッシュフォールド（折れ耳）

A ▬
B ▬
C ▬

2cm

2cm

2段

・全体の毛流れに沿ってフェルティング用の針で
　押さえる。
※組み立て図は実物大

1.5cm

2cm

# 13 スコティッシュフォールド(折れ耳) P.19

約9cm
約10cm

## 土台の編み図(P.56〜)

| 顔表 | 顔裏 | 耳* | 口 | 鼻 |
|---|---|---|---|---|
| B1 | E | I | K | P |

## 使用糸と針

| 使用法 | 部位 | 使用糸 | 糸色 | 色番号 | 引きそろえ | 本数 | 針 |
|---|---|---|---|---|---|---|---|
| 土台 | 顔表・顔裏・口 | モヘア | 白 | 1 | | 2本 | 4/0号 |
| | 耳 | モヘア | 茶 | 92 | 1本 | 2本 | |
| | | モヘア | 金茶 | 104 | 1本 | | |

## 植毛糸・刺しゅう糸

| 部位 | | 使用糸 | 糸色 | 色番号 | 引きそろえ | 本数 |
|---|---|---|---|---|---|---|
| 土台(顔) | A | モヘア | 白 | 1 | | 2本 |
| | B | モヘア | 茶 | 92 | 1本 | 2本 |
| | | モヘア | 金茶 | 104 | 1本 | |
| | C | モヘア | 濃グレー | 74 | | 2本 |
| 鼻・口刺しゅう | | ピッコロ | 薄ピンク | 46 | 1本 | 1本 |

## その他の材料

| 種類 | 色・形 | 着色 | サイズ | 量 |
|---|---|---|---|---|
| 目ボタン | クリア | ゴールド | 15mm | 1組 |
| ひげ | クリア | | 55mm | 10本 |
| ブローチピン | | | 35mm | 1個 |
| 綿 | | | | 3g |

## 糸の使用量

| 使用糸 | 色番号 | 量 |
|---|---|---|
| モヘア | 1 | 20g |
| モヘア | 92 | 8g |
| モヘア | 104 | 8g |
| モヘア | 74 | 80cm |
| ピッコロ | 46 | 50cm |

＊耳は外耳のみ、テクノロートを入れずに編む

# 15 ラグドール P.23

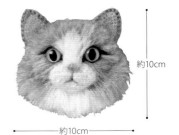

約10cm
約10cm

## 土台の編み図（P.56〜）

| 顔表 | 顔裏 | 外耳 | 内耳 | 口 | 鼻 |
|------|------|------|------|-----|-----|
| B2 | E | G | G | K | P |

## 使用糸と針

| 使用法 | 部位 | 使用糸 | 糸色 | 色番号 | 本数 | 針 |
|--------|------|--------|------|--------|------|-----|
| 土台 | 顔表・顔裏・外耳 | モヘア | サンドベージュ | 90 | 2本 | 4/0号 |
| | 顔表・鼻・口 | モヘア | 白 | 1 | 2本 | |
| | 内耳 | モヘア | クリーム | 15 | 1本 | 2/0号 |

## 植毛糸・刺しゅう糸

| 部位 | | 使用糸 | 糸色 | 色番号 | 引きそろえ | 本数 |
|------|---|--------|------|--------|-----------|------|
| 土台（顔） | A ▬▬ | モヘア | サンドベージュ | 90 | 1本 | 2本 |
| | | モヘア | クリーム | 15 | 1本 | |
| | B ▬▬ | モヘア | 白 | 1 | | 2本 |
| 目刺しゅう | | モヘア | こげ茶 | 52 | | 2本 |
| 鼻しゅう | | ピッコロ | サーモンピンク | 39 | | 1本 |
| 口刺しゅう | | モヘア | サンドベージュ | 90 | | 1本 |

## その他の材料

| 種類 | 色・形 | 着色 | サイズ | 量 |
|------|--------|------|--------|-----|
| 目ボタン | クリア | ブルーグレー | 15mm | 1組 |
| ひげ | クリア | | 55mm | 10本 |
| テクノロート | | | 12cm | 2本 |
| ブローチピン | | | 35mm | 1個 |
| 綿 | | | | 3g |

## 糸の使用量

| 使用糸 | 色番号 | 量 |
|--------|--------|-----|
| モヘア | 90 | 15g |
| モヘア | 1 | 10g |
| モヘア | 15 | 10g |
| モヘア | 52 | 30cm |
| ピッコロ | 39 | 30cm |

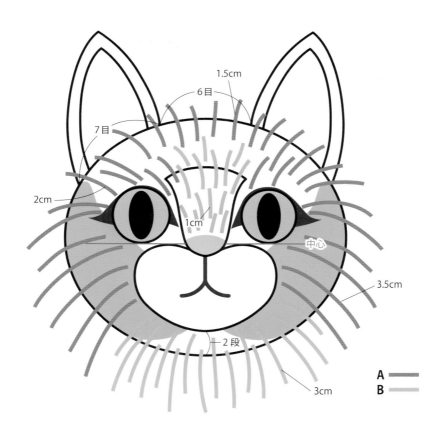

1.5cm
6目
7目
2cm
1cm
中心
3.5cm
2段
3cm

A
B

・ ⬭部分を毛流れに沿ってフェルティング用の
　針で押さえる。
※組み立て図は実物大

# 16 エキゾチックロングヘア P.24

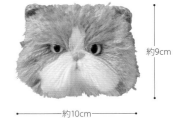

約9cm

約10cm

## 土台の編み図 (P.56〜)

| 顔表 | 顔裏 | 耳* | 口 | 鼻 |
|---|---|---|---|---|
| B2 | E | I | N | なし |

## 使用糸と針

| 使用法 | 部位 | 使用糸 | 糸色 | 色番号 | 引きそろえ | 本数 | 針 |
|---|---|---|---|---|---|---|---|
| 土台 | 顔表・顔裏・耳 | モヘア | 茶 | 92 | 1本 | 2本 | 4/0号 |
| | | モヘア | 金茶 | 104 | 1本 | | |
| | 顔表・口 | モヘア | 白 | 1 | | 2本 | |
| | 口 | モヘア | 白 | 1 | | 2本 | 2/0号 |

## 植毛糸・刺しゅう糸

| 部位 | | 使用糸 | 糸色 | 色番号 | 引きそろえ | 本数 |
|---|---|---|---|---|---|---|
| 土台(顔) | A ▬▬▬ | モヘア | 茶 | 92 | 1本 | 2本 |
| | | モヘア | 金茶 | 104 | 1本 | |
| | B ▬▬▬ | モヘア | 白 | 1 | 2本 | 2本 |
| 鼻・口刺しゅう | | ピッコロ | サーモンピンク | 39 | 1本 | 1本 |

## その他の材料

| 種類 | 色・形 | 着色 | サイズ | 量 |
|---|---|---|---|---|
| 目ボタン | クリア | オレンジ | 12mm | 1組 |
| ブローチピン | | | 35mm | 1個 |
| 綿 | | | | 3g |

## 糸の使用量

| 使用糸 | 色番号 | 量 |
|---|---|---|
| モヘア | 92 | 13g |
| モヘア | 104 | 13g |
| モヘア | 1 | 8g |
| ピッコロ | 39 | 50cm |

＊耳は外耳のみ、テクノロートを入れずに編む

# 17 エキゾチックショートヘア P.25

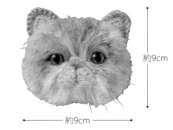

約9cm

約9cm

## 土台の編み図（P.56〜）

| 顔表 | 顔裏 | 外耳 | 内耳 | 口 | 鼻 |
|------|------|------|------|-----|------|
| B1 | E | I | I | N | なし |

## 使用糸と針

| 使用法 | 部位 | 使用糸 | 糸色 | 色番号 | 引きそろえ | 本数 | 針 |
|--------|------|--------|------|--------|-----------|------|-----|
| 土台 | 顔表・顔裏・口 | モヘア | ベージュ | 13 | 1本 | 2本 | 4/0号 |
| | | モヘア | クリーム | 15 | 1本 | | |
| | 外耳 | モヘア | クリーム | 15 | 1本 | 2本 | |
| | | モヘア | サンドベージュ | 90 | 1本 | | |
| | 内耳 | モヘア | クリーム | 15 | 1本 | 1本 | 2/0号 |

## 植毛糸・刺しゅう糸

| 部位 | | 使用糸 | 糸色 | 色番号 | 引きそろえ | 本数 |
|------|---|--------|------|--------|-----------|------|
| 土台（顔） | A | モヘア | ベージュ | 13 | 1本 | 2本 |
| | | モヘア | クリーム | 15 | 1本 | |
| | B | モヘア | クリーム | 15 | 1本 | 2本 |
| | | モヘア | サンドベージュ | 90 | 1本 | |
| | C | モヘア | サンドベージュ | 90 | 2本 | 2本 |
| 目刺しゅう | | モヘア | こげ茶 | 52 | 1本 | 1本 |
| 鼻・口刺しゅう | | モヘア | サンドベージュ | 90 | 1本 | 1本 |

## その他の材料

| 種類 | 色・形 | 着色 | サイズ | 量 |
|------|--------|------|--------|-----|
| 目ボタン | クリア | ゴールド | 12mm | 1組 |
| ひげ | クリア | | 55mm | 10本 |
| テクノロート | | | 12cm | 2本 |
| ブローチピン | | | 35mm | 1個 |
| 綿 | | | | 3g |

## 糸の使用量

| 使用糸 | 色番号 | 量 |
|--------|--------|-----|
| モヘア | 13 | 12g |
| モヘア | 15 | 15g |
| モヘア | 90 | 8g |
| ピッコロ | 52 | 50cm |

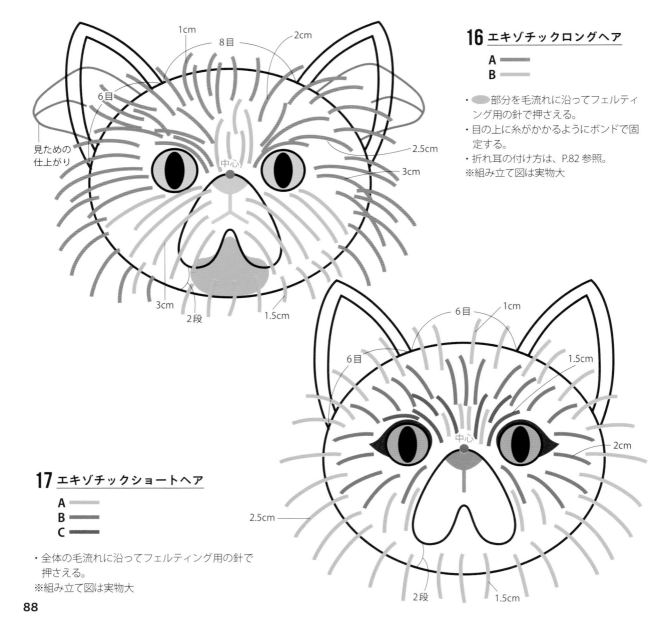

**16** エキゾチックロングヘア

A ▬▬▬
B ▬▬▬

・ ⬭ 部分を毛流れに沿ってフェルティング用の針で押さえる。
・目の上に糸がかかるようにボンドで固定する。
・折れ耳の付け方は、P.82 参照。
※組み立て図は実物大

1cm
8目
2cm
6目
見ための仕上がり
2.5cm
3cm
中心
3cm
2段
1.5cm

**17** エキゾチックショートヘア

A ▬▬▬
B ▬▬▬
C ▬▬▬

・全体の毛流れに沿ってフェルティング用の針で押さえる。
※組み立て図は実物大

6目
1cm
6目
1.5cm
2cm
中心
2.5cm
2段
1.5cm

# 18 カオマニー（オッドアイ）P.29

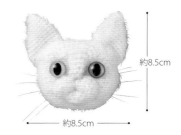

約8.5cm
約8.5cm

## 土台の編み図（P.56〜）

| 顔表 | 顔裏 | 耳 | 口 | 鼻 |
|------|------|------|------|------|
| B1 | E | J | L | O |

## 使用糸と針

| 使用法 | 部位 | 使用糸 | 糸色 | 色番号 | 本数 | 針 |
|--------|------|--------|------|--------|------|------|
| 土台 | 顔表・顔裏・口・鼻 | モヘア | 白 | 1 | 2本 | 4/0号 |
| | 耳 | モヘア | 白 | 1 | 1本 | 2/0号 |

## 刺しゅう糸

| 部位 | 使用糸 | 糸色 | 色番号 | 本数 |
|------|--------|------|--------|------|
| 鼻・口刺しゅう | ピッコロ | 薄ピンク | 46 | 1本 |

## その他の材料

| 種類 | 色・形 | 着色 | サイズ | 量 |
|------|--------|------|--------|------|
| 目ボタン | クリア | ブルーグレー | 15mm | 1個 |
| | クリア | レモンイエロー | 15mm | 1個 |
| ひげ | クリア | | 55mm | 10本 |
| ブローチピン | | | 35mm | 1個 |
| 綿 | | | | 3g |

## 糸の使用量

| 使用糸 | 色番号 | 量 |
|--------|--------|------|
| モヘア | 1 | 22g |
| ピッコロ | 46 | 50cm |

・目ボタンをつける前に全体をスリッカーブラシで起毛する。
・顔表は裏面を表面にして使用する。
※組み立て図は実物大

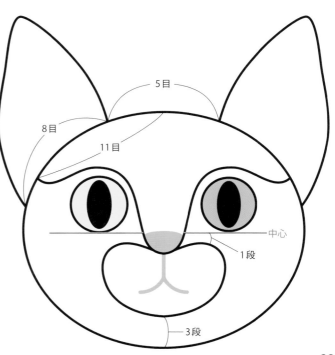

5目
8目
11目
中心
1段
3段

# 19 マンダレイ P.28

## 土台の編み図（P.56〜）

| 顔表 | 顔裏 | 耳 | 口 | 鼻 |
|------|------|-----|-----|-----|
| B1 | E | J | L | O |

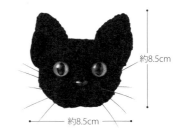

約8.5cm

約8.5cm

## 使用糸と針

| 使用法 | 部位 | 使用糸 | 糸色 | 色番号 | 本数 | 針 |
|--------|------|--------|------|--------|------|-----|
| 土台 | 顔表・顔裏・口・鼻 | モヘア | 黒 | 25 | 2本 | 4/0号 |
| | 耳 | モヘア | 黒 | 25 | 1本 | 2/0号 |

## 刺しゅう糸

| 部位 | 使用糸 | 糸色 | 色番号 | 本数 |
|------|--------|------|--------|------|
| 口刺しゅう | モヘア | 黒 | 25 | 1本 |

## その他の材料

| 種類 | 色・形 | 着色 | サイズ | 量 |
|------|--------|------|--------|-----|
| 目ボタン | クリア | ゴールド | 15mm | 1組 |
| 鼻ボタン | 黒・三角 | | 12mm | 1個 |
| ひげ | 黒 | | 55mm | 10本 |
| ブローチピン | | | 35mm | 1個 |
| 綿 | | | | 3g |

## 糸の使用量

| 使用糸 | 色番号 | 量 |
|--------|--------|-----|
| モヘア | 25 | 22g |

・目ボタンをつける前に全体をスリッカーブラシ
　で起毛する。
・顔表は裏面を表面にして使用する。
※組み立て図は実物大

5目

11目

11目

中心

1段

3段

# 20 ロシアンブルー P.31

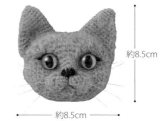

約8.5cm

約8.5cm

## 土台の編み図（P.56〜）

| 顔表 | 顔裏 | 耳 | 口 | 鼻 |
|------|------|-----|-----|-----|
| B1 | E | J | L | O |

## 使用糸と針

| 使用法 | 部位 | 使用糸 | 糸色 | 色番号 | 本数 | 針 |
|--------|------|--------|------|--------|------|-----|
| 土台 | 顔表・顔裏・口・鼻 | モヘア | 濃グレー | 74 | 2本 | 4/0号 |
| | 耳 | モヘア | 濃グレー | 74 | 1本 | 2/0号 |

## 植毛糸・刺しゅう糸

| 部位 | 使用糸 | 糸色 | 色番号 | 引きそろえ | 本数 |
|------|--------|------|--------|-----------|------|
| 目・鼻・口刺しゅう | モヘア | 黒 | 25 | 1本 | 1本 |

## その他の材料

| 種類 | 色・形 | 着色 | サイズ | 量 |
|------|--------|------|--------|-----|
| 目ボタン | クリア | グリーン | 15mm | 1個 |
| ひげ | クリア | | 55mm | 10本 |
| ブローチピン | | | 35mm | 1個 |
| 綿 | | | | 3g |

## 糸の使用量

| 使用糸 | 色番号 | 量 |
|--------|--------|-----|
| モヘア | 74 | 22g |
| モヘア | 25 | 80cm |

・目ボタンをつける前に全体をスリッカーブラシ
　で起毛する。
・顔表は裏面を表面にして使用する。
※組み立て図は実物大

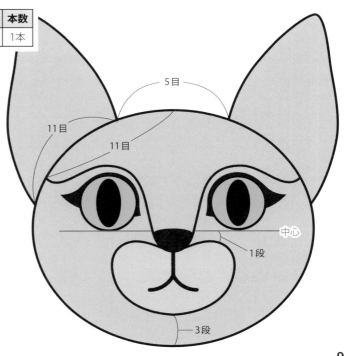

5目

11目

11目

中心

1段

3段

# 21 シャム P.31

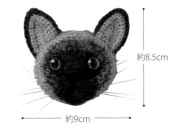

約8.5cm
約9cm

## 土台の編み図（P.56〜）

| 顔表 | 顔裏 | 外耳 | 内耳 | 口 | 鼻 |
|------|------|------|------|-----|-----|
| C | F | H | H | L | P |

## 使用糸と針

| 使用法 | 部位 | 使用糸 | 糸色 | 色番号 | 引きそろえ | 本数 | 針 |
|--------|------|--------|------|--------|-----------|------|-----|
| 土台 | 顔表・顔裏 | モヘア | サンドベージュ | 90 | | 2本 | 4/0号 |
| | 顔表 | モヘア | サンドベージュ | 90 | 1本 | 2本 | |
| | | モヘア | こげ茶 | 52 | 1本 | | |
| | 顔表・口・鼻・外耳 | モヘア | こげ茶 | 52 | | 2本 | |
| | 内耳 | モヘア | サンドベージュ | 90 | | 1本 | 2/0号 |

## 刺しゅう糸

| 部位 | 使用糸 | 糸色 | 色番号 | 本数 |
|------|--------|------|--------|------|
| 鼻・口刺しゅう | モヘア | 黒 | 25 | 1本 |

## その他の材料

| 種類 | 色・形 | 着色 | サイズ | 量 |
|------|--------|------|--------|-----|
| 目ボタン | クリア | 濃ブルー | 12mm | 1組 |
| ひげ | クリア | | 55mm | 10本 |
| テクノロート | | | 12cm | 2本 |
| ブローチピン | | | 35mm | 1個 |
| 綿 | | | | 2g |

## 糸の使用量

| 使用糸 | 色番号 | 量 |
|--------|--------|-----|
| モヘア | 90 | 12g |
| モヘア | 52 | 10g |
| モヘア | 25 | 50cm |

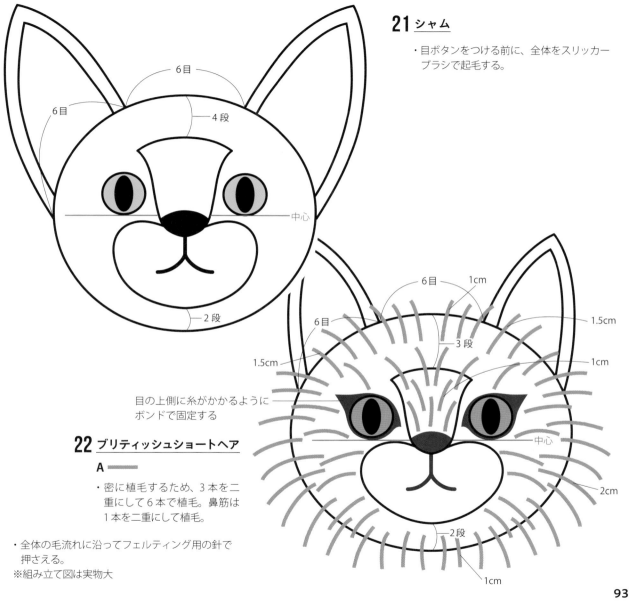

## 21 シャム

・目ボタンをつける前に、全体をスリッカー
　ブラシで起毛する。

6目

6目

4段

中心

2段

目の上側に糸がかかるように
ボンドで固定する

## 22 ブリティッシュショートヘア

A

・密に植毛するため、3本を二
　重にして6本で植毛。鼻筋は
　1本を二重にして植毛。

・全体の毛流れに沿ってフェルティング用の針で
　押さえる。
※組み立て図は実物大

6目　　1cm

1.5cm

3段

6目

1cm

1.5cm

中心

2cm

2段

1cm

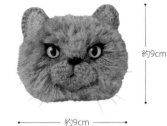

約9cm

約9cm

# 22 ブリティッシュショートヘア P.33

## 土台の編み図（P.56〜）

| 顔表 | 顔裏 | 外耳 | 内耳 | 口 | 鼻 |
|------|------|------|------|----|----|
| B1 | E | G | G | K | P |

## 使用糸と針

| 使用法 | 部位 | 使用糸 | 糸色 | 色番号 | 本数 | 針 |
|--------|------|--------|------|--------|------|----|
| 土台 | 顔表・顔裏・口・鼻・外耳 | モヘア | 濃グレー | 74 | 2本 | 4/0号 |
| | 内耳 | モヘア | グレー | 63 | 1本 | 2/0号 |

## 植毛糸・刺しゅう糸

| 部位 | 使用糸 | 糸色 | 色番号 | 本数 | |
|------|--------|------|--------|------|---|
| 土台（顔） | A ▬▬▬ | モヘア | 濃グレー | 74 | 3本 | 鼻の上は2本で植毛 |
| 鼻・口・目刺しゅう | | モヘア | 黒 | 25 | 1本 | |

## その他の材料

| 種類 | 色・形 | 着色 | サイズ | 量 |
|------|--------|------|--------|----|
| 目ボタン | クリア | オレンジ | 12mm | 1組 |
| ひげ | クリア | | 55mm | 10本 |
| テクノロート | | | 12cm | 2本 |
| ブローチピン | | | 35mm | 1個 |
| 綿 | | | | 3g |

## 糸の使用量

| 使用糸 | 色番号 | 量 |
|--------|--------|----|
| モヘア | 74 | 25g |
| モヘア | 63 | 4g |
| モヘア | 25 | 80cm |

## 編み目記号表 この本で使用する編み目記号一覧です。

### くさり編み
針に糸を巻きつけ、糸をかけ引き抜く。

### 引き抜き編み 前段の目に針を入れ、糸をかけ引き抜く。

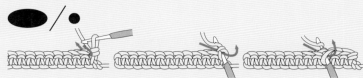

---

### 細編み 立ち上がりのくさり1目は目数に入れず、上半目に針を入れ糸を引き出し、糸をかけ2ループを引き抜く。

立ち上がり1目　　上半目に針を入れる

---

### 細編み2目編み入れる 同じ目に細編み2目を編み入れる。

2目　　　　1目増

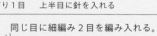

同じ目に細編み
3目を編み入れる

---

### 細編み2目一度 1目めに針を入れ糸をかけて引き出し、次の目からも糸を引き出し、糸をかけ3ループを一度に引き抜く。

1目めに糸をかけて引き出し、2目め、3目めを引き出し、糸をかけ4ループを一度に引き抜く。

---

### 長編み かぎ針に糸をかけ引き出し、さらに糸をかけ2ループ引き抜くを2回繰り返す。

1回巻く

台の目　　立ち上がり3目

---

### 中長編み かぎ針に糸をかけ引き出し、さらに糸をかけ3ループを一度に引き抜く。

1回巻く

台の目　　立ち上がり2目

しんどう みえこ
# 眞道 美恵子

あみぐるみ作家
愛犬・愛猫の特徴をとらえつつ、かわいくデフォルメしたオリジナルのあみぐるみ人形をオーダー制作。ディテールにこだわった、私だけの作品作りを心がける。銀座・吉祥寺にてあみぐるみ教室「もんぱぴ」を主宰。編み図販売・オンラインレッスンも開催。2016年より毎年個展を開催。

## https://monpuppy.com
掲載作品の作り方ポイントと動画を
ホームページで公開

| | |
|---|---|
| 編集 | 武智美恵 |
| デザイン | 伊藤智代美 |
| 撮影 | 島根道昌、天野憲仁 |
| トレース・校正 | ミドリノクマ |

素材提供　クラフトハート トーカイ（藤久株式会社）
https://ec.crafttown.jp/
TEL 052(776)2411

クロバー株式会社
https://clover.co.jp
TEL 06(6978)2277

株式会社匠インポート（プリモモ）
https://purimomo.jp
TEL 03(6804)5712

ハマナカ株式会社
コーポレートサイト：hamanaka.co.jp
メール：info@hamanaka.co.jp
TEL 075(463)5151(代)

# にゃんこの
# あみぐるみブローチ

2023年9月20日　　第1刷発行

| | |
|---|---|
| 著　者 | しんどうみえこ<br>眞道美恵子 |
| 発行者 | 吉田芳史 |
| 印刷所 | 株式会社文化カラー印刷 |
| 製本所 | 大口製本印刷株式会社 |
| 発行所 | 株式会社 日本文芸社 |

〒100-0003　東京都千代田区一ツ橋1-1-1
パレスサイドビル8F
TEL 03-5224-6460(代表)

Printed in Japan 112230911-112230911 Ⓝ 01(201108)
ISBN978-4-537-22138-1
URL https://www.nihonbungeisha.co.jp/
©MIEKO SHINDO 2023
（編集担当　牧野）

内容に関するお問い合わせは
小社ウェブサイトお問い合わせフォームまでお願いいたします。
**ウェブサイト　https://www.nihonbungeisha.co.jp/**